人を魅了する

一流の職業人であるための技術

ENCHANTMENT
by Guy Kawasaki

This edition published by arrangement with Portfolio,
a member of Penguin Group (USA) Inc.
through Tuttle-Mori Agency, Inc., Tokyo.

財をなす者は大勢いるが、家族を作れる者はとても少ない。

——J・S・ブライアン

この本を妻のベスと4人の子、ニック、ノア、ノエミ、ネイトに捧げる……

毎日、私を魅了してくれる家族に。

はじめに

25年間、「いかに魅了するか」を考えつづけて

困難は新しいアイデアにあるのではなく、古いアイデアから逃れることにある。ふつうに成長してきた多くの人間にとって、古いアイデアは、精神の隅々にまで枝を伸ばしているからだ。

――ジョン・メイナード・ケインズ（イギリスの経済学者）

私が「魅了された」日

初めてこの目でマッキントッシュを見たのは、1983年の夏、一般の人々がそれを見る半年前のことだった。カリフォルニア州クパチーノにある平屋のオフィスビル、そこでマイク・ボイチに見せてもらったのだ。そのときボイチは、アップル社マッキントッシュ部門のソフトウェア・エバンジェリストだった。

そのころの私はしがない宝石商で、小さな宝石メーカーのために、ロサンジェルスから金とダイヤモンドを仕入れていた。マッキントッシュはまだ噂にすぎず、それなのに見ることができたのは、ボイチが私の大学時代のルームメイトだったからだ。

当時、コンピュータはフォーチュン500企業や大学や政府機関が所有するものがほとんどだった。「パーソナル」・コンピューティングというのは矛盾した表現だったのだ。運のいい人だけが、アップルIIeかIBMのPCを手に入れることができた。画面には大文字と小文字でテキストが表示され、そこをカーソルキーで移動する。世界のほとんどの人はまだIBMのセレクトリック・タイプライターを使っていて、修正テープつきのモデルを持っていれば御の字だった。

マッキントッシュを初めて見たとき、私は人生で二番目に強く魅了された（いちばん魅了されたのは、妻に会ったとき）。目からうろこが落ち、雲間から日が射して、天使の歌声が聞こえた気がした。

マッキントッシュは、なぜあれほどクールだったのか？

第一に、グラフィックスが動いた。ソフトウェアの魔術師、アンディ・ハーツフェルドが、跳ねまわるペプシのキャップのプログラムを書いて、才能を見せつけていた。スティーブ・ジョブズは、そのアンディのプログラムを用いて、「砂糖水を売るのはやめなさい」とペプシのCEOジョン・スカリーを説得し、アップルに呼び入れた。いま見ると単純なアプリケーションだが、あのころウインドウのなかでアイコンが跳ねまわるのは魔法だった。

第二に、〈マックペイント〉というプログラムを使って、絵を描くことができた。マッキントッシュ部門のグラフィック・アーティスト、スーザン・ケア作の浮世絵のようなものも。マック

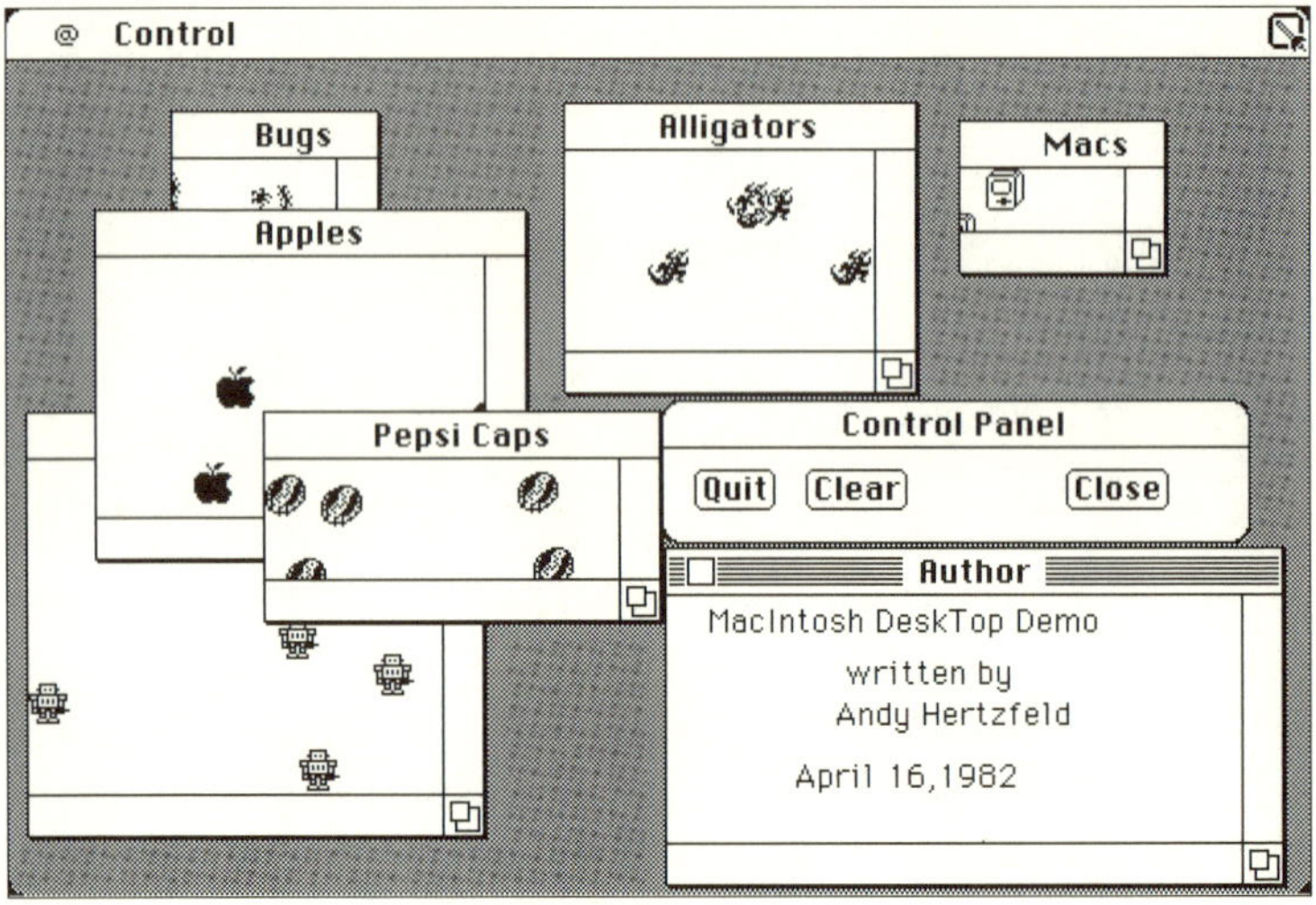

Used by permission of Apple.

跳ねまわるペプシのキャップ

ペイントをボイチに見せられたときには、頭が宙返りした気分だった。当時、パーソナル・コンピュータで描けたのは、せいぜい文字や数字を使った粗い絵だけだったのに、マッキントッシュによって、誰でも、芸術作品とはいかないまでも線画ぐらいは描けるようになったのだ。

ボイチのデモを数分見て、私はふたつのことを確信した。

①マッキントッシュは、それまでの想像をはるかに超えて人々をクリエイティブにし、生産性を上げる。

②自分はアップルで働きたい。

そして、ボイチがマッキントッシュ部門に仕事を見つけてくれた。

私のミッションは、ソフトウェア開発者を説得して、マッキントッシュで使える製品を作っ

マックペイントで芸者の絵を描く

てもらうことだった。私はありったけの情熱をこめて、彼らにマッキントッシュを売りこんだ。

それから25年間、私は人を魅了する方法について熱心に考えつづけてきた。

「魅了」をひと言で定義すれば、「商品、サービス、組織、またはアイデアで人を喜ばせるプロセス」だ。魅了された人々は自発的、長期的にサポートしてくれるようになる。

「魅了」――それは、するほうにも、されるほうにも利益をもたらすのだ。

「人を魅了する」ための旅

この本は、人生のどうにもならない面を見るより、どうにかできる面を見る人のためにある。そういう人は、世界をよりよい場所にする商品やサービス、組織、あるいはアイデアを次々と生み出す。また、マスメディア、ソーシャルメディア、広告メディアの世界で、その場かぎりの浅い関係では仕事ができないことを知っている。そして、まわりの人々を魅了する。
私はこれから、その技、つまり人々の心や精神、行動を変える方法を学ぶ旅に、皆さんをお連れしようと思う。旅程は次のとおりだ。

1章　人を魅了すれば、世界が変わる
目標が大きなものであるほど、人々の心、精神、行動を変えなければならない。リソースが少なく、競争相手が強ければなおさらだ。人を魅了するには、何か意味のあることをしなければならない。また、意味のあることをするには、人を魅了しなければならない。

2章　まず好感を持ってもらう
あなたは嫌いな人に魅了されたことがあるだろうか。たぶん、ないと思う。もし魅了されたとしても、長くは続かないだろう。そこで最初のステップは、好きになってもらうことから始まる。好きになってもらうためには、他者を受け入れ、彼らのなかに好きになれるものを見つけなければならない。

3章　信頼がなくては魅了できない
信頼できない人に魅了されたことがあるだろうか。これもないと思う。したがって、信頼されることが第二ステップだ。知識豊富で、有能で、大きなパイを焼き、ウィン・ウィンの状況を作り出す人、言い換えれば、正しいことを正しい方法でする人は、信頼される。

4章　正しい準備の仕方

すぐれた商品、サービス、組織、アイデアには魅力がある。ガラクタに魅力はない。人を魅了するにはまず、すぐれたものを作り、簡潔でわかりやすいことばで伝え、なんとしても競争相手より早く、市場に出さなければならない。

5章　市場に投入する方法

魅了の達人は「世に出す」のがうまい。リチャード・ブランソンやスティーブ・ジョブズが誰よりもうまくやるのはそれだ。それも桁ちがいに。みんなを夢中にさせ、少なくとも試してもらい、最初のフォロワーを作って噂を広めてもらおう。

6章　変化に対する抵抗を克服する

忙しいとか、よりよいものを知らないといった理由から、人はよく「そこそこ満足できる」商品を受け入れている。そしてそういう人は、変化に対して抵抗しがちだ。抵抗を克服させるには、社会的証明を与え、同意できることを見つけ、影響力のある人をすべて魅了しなければならない。

7章　いつまでも魅了する秘訣

魅了とは、一回かぎりの出来事ではなく、プロセスだ。だから長続きさせたい。そのためには、人々があなたの製品やサービスを自分のなかに取り入れ、共有し、完全に肩入れしなければならない。再販業者、コンサルタント、開発者、ユーザーグループなどからなるエコシステム（生態系）を形成することも、魅了の長続きに役立つ。

8章「プッシュ」技術の使い方――パワーポイント、ツイッター、Eメールを武器にする

パワーポイント、ツイッター、Eメールで情報をプッシュすれば、魅了したい相手にあなたのストーリーを届けることができる。この章では、最新技術を使ってそれを実現する方法を説明する。

9章「プル技術」の使い方――ウェブ、ユーチューブ、SNSを自在に操る

プッシュの技術に加えて、プルの技術もある。こちらは人々にあなたのストーリーを届けるのではなく、引きこむものだ。この章では、ウェブサイト、ブログ、フェイスブック、リンクトイン、ユーチューブを使って人々を魅了し、訪問してもらう方法を取り上げる。

10章　従業員を魅了する

魅了は外向けだけの活動ではない。組織内の従業員にも向けられるべきものだ。専門的技能を身につけ、自主的に働き、ポジティブな目的を達成するチャンスを与えれば、従業員を魅了することができる。

11章　上司を魅了する

魅了した上司のもとで働くことを想像してみよう。そこには自由、柔軟性、報酬、指導がある。上司を魅了するには、上司自身を成功させる努力が必要だが、そうする価値は充分ある。

12章　アブナい「魅了」の対処法

魅力的な人物がつねにあなたの利益を考慮してくれるとはかぎらない。だから魅力に抵抗するスキルが役に立つ。誘いこまれる状況を避け、遠い将来を見すえ、反論してくれる人を見つけなければならない。この章を読めば、アップルの製品すら拒めるかも……。

さあ、出発！

エバンジェリスト、起業家、ベンチャーキャピタリストとしての私の経験を活かしたこの本を読めば、あなたの「マッキントッシュ」を成功させる方法が学べるだろう。私の知識を用いて、ぜひ世界を変えていただきたい。著者にとって、この本を使ってもらうことほどありがたい報酬はない。

だから、すぐに本論に入らなくては。

２０１１年　カリフォルニア州シリコンバレーにて

ガイ・カワサキ

読む時間もいっしょに買えるなら、本を買うのはいいことだ。しかし、本を買うだけで内容も理解できると思っている人が多い。

――アルトゥール・ショーペンハウアー（ドイツの哲学者）

目次

1章 人を魅了すれば、世界が変わる

表現したいものを、まず体験しなければならない。
――フィンセント・ファン・ゴッホ

途方もなく大きな罠をしかけても、何かが入ってくれるとはかぎらない。むしろ、罠が大きくなればなるほど、いつもの環境からかけ離れてしまうから、相手を誘いこむのはむずかしくなる。この章では、「魅了」とは何か、それがいつ、なぜ必要になるのか、そして魅了することの倫理性について説明する。

「魅了」とは何か？

映画制作者で著作家のカリン・ミュラーは、1987年から89年まで平和部隊に所属して、フィリピンの村で井戸を掘ったり、学校を建てたりする活動に取り組んでいた。

その彼女の小屋へ、ある夜、フィリピン共産党の軍事組織、新人民軍（NPA）の兵士17名が尋問をしに押し寄せてきた。

だが、到着した兵士たちに、彼女は感激して言った。「よかったわ、来てくれて。一日じゅうお待ちしていたんですよ。どうぞコーヒーでも飲んで。銃はドアのところに置いてください」。その日の早いうちに、彼らが来ると村人たちから知らされていたミュラーは、ふたつの貴重な日用品、砂糖とコーヒーを用意して待っていたのだ。この反応に一団のリーダーはまごついたが、とにかく銃を置いて、席につき、コーヒーを飲んだ。結局ミュラーは、尋問も、それより悪い事態も避けることができた。本人曰く、「いっしょにコーヒーを飲んでいる相手を尋問することはできない」からだ。

ミュラーは怒りをぶつけることも、パニックに陥ることもなかった（私ならパニックだ）。その代わりに、一団のリーダーの気持ちに働きかけ、暴力的で脅迫的な状況を、会話とコミュニケーションができる状況に変えた。思いがけない歓待でリーダーを喜ばせ、相手の心、考え方、行動に変化を起こした。

要するに、ミュラーは相手を魅了したのだ。

「魅了」は、村でも、店でも、オフィスや会議室、さらにはインターネット上でも生じる。魅了された人は、心も考え方もおのずと変わり、結果として行動が変わる。「魅了する」とは、人を思いどおりに操作することではない。操作以上に、人を動かすことができるものだ。

「魅了」は人を動かすだけでなく、その場の状況や人間関係をも変化させる。敵意が礼儀に、礼儀が親近感に変わる。懐疑主義者や皮肉屋が、信奉者になっていくのだ。

なぜ「魅了」が必要か？

ドル、元、ユーロ、円、ルピー、ペソ、あるいはドラクマを儲ける方法はいくらでもある。しかし、「魅了」はやり方がちがう。誰かを魅了する目的は、金銭を得ることでも、思いどおりに操作することでもなく、その人を大きな喜びで満たすことだ。

「魅了」がもっとも必要とされる状況を、いくつかあげてみよう。

● **崇高で理想的な結果をめざすとき** 世界を変えたいとか、青虫をチョウに変えたいというときには、並はずれた関係が必要だ。人々を説得して、あなたと同じ夢を見てもらわなければならない。

● **むずかしい決断をするとき** 費用、リスク、政治といった問題が立ちふさがって変化を起こすことが困難であればあるほど、「魅了」が必要となる。大きな変化には、大きな苦労がともなうものだ。

● **習慣を改めるとき** 習慣はたいてい人生をシンプルにし、迅速で安全で良好な決定ができるようにしてくれる。だが一方では、現状打破をめざす新しいアイデアの妨げになることもある。そんなとき、「魅了」が打破のきっかけとなる。

●**大衆にしたがわないとき**　大衆がつねに正しいとはかぎらない。ときには愚かな行動や、最適ではない選択、単純な破壊への道をたどることもある。「魅了」は、大衆を仲間に加えるときだけでなく、大衆から引き離すときにも必要となる。

●**フィードバックがなくても前進すべきとき**　フィードバックがほとんどないか、すぐに得られないときには、気持ちを強く持って前進しなければならない。そのような状況で努力する人々には、並みの関心やサポートを与えるだけでは足りない。彼らを喜ばせ、あなたに引きつけておくことが不可欠だ。たとえば、バイオテクノロジーの会社で働くのには強い信念がいる。ひとつの新薬の市場投入に10年以上かかることもあるからだ。

あなたにも、こうした状況にいくつか心当たりがあるはずだ。世の中をよりよい場所にしようとすれば、かならずぶつかることがらだから。

人の考えはわからない?

１９８０年代、アップルはマッキントッシュをビジネス市場に売りこむことに失敗した。そのアプローチの根本的な敗因は、潜在顧客の考えを理解していなかったことにあった。むしろ当時の私たちは、考えるのはこちらにまかせてほしいと思っていた。自社製品に夢中になるあまり、なぜみんなが自分たちと同じように考えないのかわからなかったのだ。

誰かを魅了するには、相手が何を考え、感じ、信じているかを理解しなければならない。このとき私はそれを学んだ。

この点をクリアするには、魅了したい相手になったつもりで、次のように自問してみるといい。合理的な答えが出てこなければ、おそらくその人を魅了することはできないだろう。

●この人は何を望んでいるのか　あなたが何かをするとき、「目的はなんだろう？」と相手が勘ぐるのを責めてはいけない。あなたが利益を得るのはかまわないが、最初から目的を明らかにして、相手に安心してもらう配慮が必要だ。

●その変化のために努力する価値はあるか　次のステップは、あなたの製品やサービスが相手の願望とどう結びついているかを理解してもらうことだ。変化にコストがかかっても、現状維持より大きな利益が出ることを証明しなければならない。あなたのほうで変化に価値があると思っているだけではだめで、魅了したい相手にも、それを信じてもらわなければうまくいかない。

●本当に変われるか　たとえ価値のある変化でも、それを実行するためには、必要とされるコストや努力、リスクなどを熟慮しなければならない。相手も変わりたいと思い、変わる価値だってあると思っているかもしれないが、一方で、そんなことが可能なのかと不安でもあるだろう。

１９８０年代のアップルでは、私たち社員のモチベーションは「コンピュータを売ること」だった。生産性も創造性も高まるのだから、マッキントッシュに乗り換えるべきだと思っていた。しかし、世の会社組織の方針を変えることがいかにむずかしいかを甘く見ていた。マッキントッシュは使いやすいが、純粋なデータ処理能力は劣るという人々の認識を克服するのもむずかしかった。

魅了したい相手の気持ちになれば、魅了するのに必要な変化の量がわかる。何週間、いや何カ月とかかることだってある。短距離走ではなく、マラソンのつもりで臨むことだ。

どこに線を引くべきか？

自分の利益だけを追求する行為で、長く人を魅了することはできない。だからその行為が「倫理的」かどうかという線を、はっきり引くこと。あなたは線のどちら側に立っているだろうか。

次の質問で考えてみよう。

●自分がしないことを人に頼んでいないか　みずからしないことを人に頼んではならない。自分がしないことを頼むのは「操作」か「強制」であって「魅了」ではない。だから長続きしない。

●利益の対立はないか　あなたと、あなたの支持者の利益が一致したときこそ、「魅了」は長続きする。利益が一致すれば、魅了することも、されることも、倫理的で楽しいものになる。もし一致していないなら、自分の利益を考え直すか、アプローチする市場を考え直すべきだ。

●利益の対立を隠していないか　利益が一致していると考えられる場合でも、あなたには、ほかに従業員や株主といった当事者としての利益があるかもしれない。だとしたら、それも進んで開示すべきだ。何事においても「開示しすぎ」ということはありえない。

●「高潔な嘘」をついていないか　大きな目的や大義によって手段が正当化されるときには、危ない、と思ったほうがいい。「高潔な嘘」というものは存在しない。嘘か、真実か。そのあいだには何もないのだ。

●だまされやすい人を魅了していないか　真実を見分けられない人、自分にとって何がベストかわからない人を魅了するのは、道徳に反する。そういう人を丸めこむのは簡単で、実際にそこらじゅうで起きているが、これを成功と見なすのはまちがいだ。そもそも、だまされやすい人を魅了しても、スキルは向上しない。それどころか、自分は有能だと思いこみ、いつしか心のねじれた人間になってしまう。

以上のどれかに思い当たる節があるなら、あなたの「魅了」は倫理的ではない。短いあいだはうまくいくかもしれないが、やがてつけがまわってくる。これを機に「魅了」のしかたを改めて、明るい世界に向かっていこう。

この本の利用のしかた

行動心理学とは、ネズミから習慣を引き出す科学である。
——ダグラス・ブッシュ（文学評論家・ハーバード大学教授）

この本を書くにあたって、人を説得したり、人に影響を与えたりすることを論じた本を何十冊と読んだ。その大半は心理学の研究を引用して、さまざまなテクニックの有用性を「証明」しているが、私は可能なかぎりもとの論文や報告書を確認して、いくつかのことに気づいた。

●多くの研究では、大学生が被験者になっている。学生でなければ、ネズミである。大学生は人口のほんの一部のセグメントであり、いくらかの謝礼や単位取得という動機を与えられているることが多い。そうした研究の結果が現実世界に当てはまることももちろんあるが、つねに当てはまると想定すべきではない。

●科学者は、A群とB群の「統計的に有意な」ちがい、偶然に左右されないちがいを見つけようとする。典型的な問いは「もう一度実験したら、どのくらいの確率で同じ結果が得られるだろうか」だ。しかし統計的な有意性は、A群とB群の「ちがいの大きさ」(「効果量」と呼ばれる)をつねに明らかにするとはかぎらない。

●実験をおこなうのは科学者であり、科学者は世界を理解、説明しようとする。そして、すぐれた科学研究(制御変数や客観性や反復性、ついでに名声と資金調達)を重視する。

科学者でなければ、同僚の批評に堪える統計的に有意なすぐれた研究になど、おそらく興味がないだろう。大切なのは、むしろ効果量のほうだ。かりに科学的な正確さに興味があったとしても、現実と向き合おう。つまり、時間制限、競争相手の反応、季節性、消費者の気分、そして何を考えているかわからないけれど、とにかくあなたを忙しくするマネジャーと向き合うのだ。

人を魅了する技術の多くには、白黒はっきりした科学的証拠がないのが現実だ。それでかまわない。正しい態度は「このテクニックはおもしろい。われわれに当てはまるかもしれない。やっ

科学ニュースのサイクル
JORGE CHAM © 2009
ここから
あなたの研究
結論：AとBには相関がある（ρ=0.56）
ただし、Cの条件下で
Dを想定して、
Eが与えられた場合とする。
……が
翻訳され……
大学広報部
（ありますよね？）
緊急発表：科学者が（ある条件下で）AとBのあいだにつながりがある可能性を発見
……が
注目され……
電子ニュース組織
AがBを引き起こす、
と科学者。
……それが
読まれ……
THE INTERNETS
dingding
科学者がまたわれわれを
殺そうとしてる。
（名無しの投稿者）
コメント（377）
マジ！！　やーっぱり！
でもどうやって？？？
……そして
気づかれ……
ブログで発見
AはかならずBを引き起こす。
オバマ政権はどうなる？
ニュース速報　ニュース速報
CNC Cable NEWS
NEWS
A = B
……それが
やがて……
4 LOCAL EYEWITLESS NEWS
知られざる「A」に
命の危険！
くわしくは11時の……
Aは身近な
殺人者？？
ローカル
目撃ニュース
……そして
ついに……
Aがかからないように、帽子かぶってるの
あなたのお祖母さん
WWW.PHDCOMICS.COM

て結果を見てみよう」だ。そして、この本の正しい利用方法は、なかに書かれたアイデアを試してみて、自分に合うように修正し、適用し、うまくいかなかったものは捨て、うまくいったものを使いつづけることだ。

というわけで、次章からは、世界を理解する方法ではなく、変える方法を説明していこう。

一人ひとりの「魅了された」ストーリー

私が雑誌の記事で好きなのは、「サイドバー」や「吹き出し」と呼ばれる、ストーリーのなかのさらに小さなストーリーだ。ぴたりとはまると、そうしたストーリーはアップルパイに添えられたバニラアイスクリームのような効果をもたらす。

この本の執筆が最終段階に入ったころ、個人的に「魅了された」体験を聞かせてほしいとみんなに依頼した。そうして集まったものを、各章の最後でひとつずつ紹介したい。現実の世界で魅了されたことを、その人自身のことばで綴ったストーリーだ。その章に関連していることもあれば、していないこともある。ときには、たんにクールだと思ったから選んだものもある。

「魅了された」ストーリー①

エリック・ドーソンは、オクラホマ州オクラホマシティのアップルに勤める、大卒のシニア戦略アカウントマネジャーだ。彼は、悲劇のさなかにマッキントッシュに魅了された話を語ってくれた。

私はどうしてアップルで働くようになったのか。

１９９６年、息子のセスが、滑脳症《かつのうしょう》と呼ばれる回復不能の神経障害を負って生まれた。彼は歩くことも、話すことも、起き上がることもできず、チューブで食事を与えなければならなかった。「原因と結果」を教えてやることもできなかった。

私はセスと、よくマッキントッシュ・パフォーマのまえに坐ってゲームをした。でも当時のコンピュータは、『ライオンキング』を１分ほど見ると、すぐフリーズして、つながれたコントローラーのボタンを押さなければ再起動できなかった。

ある日、こっそりその部屋に入ると、わが子が一生懸命コントローラーのボタンを押そうとしていた。それは私の人生でもっとも誇らしい一瞬だった。

１カ月後、私はアップルで働くようになった。セスは私が勤務しはじめて15日後に、この世を去った。けれど、彼は立派な仕事をしてから旅立った。今日まで、私はアップルの一従業員として、人々に力を与えつづけている。

2章 まず好感を持ってもらう

どこへ行っても幸せをもたらす人がいる。いつ行っても幸せをもたらす人も。
——オスカー・ワイルド（アイルランドの作家・詩人）

魅了することの大切さを理解したら、次は実行するための基礎を築こう。その最初のステップは、好意を持ってもらうことだ。嫌なやつが人を魅了することはめったにない。製品やサービスが桁はずれにすばらしければ、少々性格が悪かろうと差し支えないかもしれないが、わざわざ事態をややこしくする必要はない。この章では、まわりの人にもっと好かれる方法を説明する。

カラスの足あとを作る

まずは第一印象から。4つの要素が第一印象をよくする——笑顔、服装、握手、ことば使いだ。相手には笑顔を向けよう。微笑んで損になることがあるだろうか？　ない。では、微笑まなくて損になることは？　無数にある。つながりが作れなくなったらおしまいだ。

笑顔は、あなたの心の状態をはっきりと伝えるが、笑顔がなければ、不機嫌、高慢、怒りなど多くの解釈の余地が生まれる。そして、そのどれもが人を魅了する役には立たない。笑顔の効用が信じられないなら、次の質問に答えてほしい。

- 不機嫌な人と仕事をするのが好きですか？
- 不機嫌な人と働くのが好きな人を、ひとりでも知っていますか？
- 不機嫌な人が望みのものを手に入れられると思いますか？

©Vera Anderson/Wire Image/Getty Images

ジョージ・クルーニー的なすばらしい笑顔のカギは、「楽しい考えを持つこと」だ。心のなかが楽しくなければ、部屋じゅうを明るくするような笑みを浮かべるのはむずかしい。作り笑いを浮かべるのがせいぜいで、作り笑いでは人に好かれない。

作り笑いは、顎から口角にかけての「大頬骨筋《だいきょうこつきん》」だけを使う。この筋肉を使うのは簡単だから、作り笑い、または「パンアメリカン・スマイル」（かってパンアメリカン航空の客室乗務員は、乗客を見て心から喜んでいなかったようなので）がたやすくできあがる。

一方、すばらしい笑みは「眼輪筋《がんりんきん》」も使う。これは目のまわりの筋肉で、使うと目が細くなり、カラスの足あとができる。本物の笑みには特別な魅力があるため、それ自体に呼び名がある。「デュシェンヌ・スマイル」、フランスの神経学者ギヨーム・デュシェンヌにちなんだものだ。

人と会うときには、楽しいことを考えよう。眼輪筋を思いきり使って、水をためられるほど深いカラスの足あとを作ろう。言い方が気になるなら、「笑いじわ」でもいい。すばらしい笑みのためにも、しわとり注射や美容整形はやめておこう。

「同点」の服装を

新しい服が必要な活動は信用しないことだ。
――ヘンリー・デイビッド・ソロー（作家。『森の生活』著者）

二番目の要素は、服装だ。このときばかりは勝ちでも負けでもなく、同点《タイ》をめざしてほしい（ネクタイに引っかけたわけではなく）。着飾りすぎると、「私はあなたより金持ちで、力があり、重要だ」となり、逆にカジュアルすぎると、「私はあなたを尊敬していないので、好きな恰好をさせてもらう」となる。同等の服装なら、「私たちは仲間」だ。

エゴを抑えること、これがここでのアドバイスだ。大々的に披露する必要もなければ、金や権力や趣味のよさを見せびらかすこともない。目標とすべきなのは好感であって、優越感ではないからだ。

言い換えれば、服装を自分の中身に合わせるということ。たとえば、独創的、革新的、革命的なアイデアマンに、三つぞろいのスーツと蝶ネクタイは似合わない。同様に、立派な大人のマネジャーがTシャツとジーンズでは、うまくいかない。

ただし、相手と同等で、かつ自分のメッセージにふさわしい服装をするとなると、ひとつ問題が生じる。もしアピールすべき相手とあなたのメッセージが食いちがう場合はどうするか？　だ。たとえば、社風がジーンズとTシャツの会社で働くマネジャーは、ジーンズとスーツのどちらを着用すべきだろう。

ジョン・スカリーは、アップルで働きだしたときにこの問題に直面した。そして、CEOではあったが、ジーンズを選んだ。それが快適だったとは思えないけれど、おかげで社員は彼を「上のひとり」とは見なさなかった。

こういう状況でのお勧めの対処法は、次のふたつだ。

ひとつは、相手にどんな恰好をすべきか尋ねることだ。少なくともそれで、質問をする頭と、答えに耳を傾ける柔軟性の持ち主であることがわかる。それ自体、価値のあるメッセージだ。

もうひとつは、組織内で受け入れられる範囲で、自分が快適と思う恰好をすること。みずから不快な思いをしているときに、人を魅了するのはむずかしい。それに、自分らしく行動する人には何かしら魅力があるものだ。

完璧な握手の法則

第一印象をよくする三番目の要素は、握手だ。幸い、マンチェスター大学の心理学部長ジェフリー・ビーティが、完璧な握手の公式を作り出している。

PH＝√(e2＋ve2)(d2)＋(cg＋dr)2＋π{(4<s>2)}{(4<p>2)}2＋(vi＋t＋te)2＋{(4<c>2)(4<du>2)}2

eはアイコンタクト（1＝なし、5＝直接）で最適値は5。veはことばの挨拶（1＝まったく不適切、5＝とても適切）で最適値は5。dはデュシェンヌ・スマイル（目元と口元の笑み、左右対称、消え方はゆっくり。1＝完全に非デュシェンヌ［作り笑い］、5＝完全なデュシェンヌ）で最適値は5。cgは握りの完全性（1＝不完全、5＝完全）で最適値は5。dr

は手の乾き具合（1＝湿っている、5＝乾いている）で最適値は4。sは強さ（1＝弱い、5＝強い）で最適値は3。pは手の位置（1＝自分の体寄り、5＝相手の体の領域内）で最適値は3。viは勢い（1＝弱すぎ／強すぎ、5＝中間）で最適値は3。tは手の温度（1＝冷たすぎ／温かすぎ、5＝中間）で最適値は3。teは手の感触（1＝ざらざらしすぎ／なめらかすぎ、5＝中間）で最適値は3。cはコントロール（1＝低い、5＝高い）で最適値は3。duは持続時間（1＝短い、5＝長い）で最適値は3。

数学専攻でないかたのために、この公式をわかりやすいことばにしてみよう。

●相手の目を直接見る。
●適切な挨拶のことばを口にする。
●デュシェンヌ・スマイルを浮かべる。
●相手の手をしっかり握る。
●相手から適度な距離を置く。不快になるほど近すぎず、よそよそしいと思われるほど遠すぎず。
●手はひんやりと乾かし、なめらかに。
●勢いは中程度。

●握るのはせいぜい2、3秒。

すばらしい第一印象まであと少しのところに来た。次のステップは、人に話しかけるときのことば使いだ。

正しいことばを使う

四番目の要素は、語彙《ごい》である。ことばは心の表情だ。あなたの態度、人格、ものの見方を伝える。まちがったことばはまちがった印象を与えるから、次の点に気をつけるといいだろう。

●**シンプルなことばを使う**　相手が辞書を引いたり、ウィキペディアで調べなければならないようなことばを使ったら失敗だ。デンマークのことわざに曰く、「大きなことばは、めったに大きな行為をともなわない」。

●**能動態を使う**　次のふたつの文を比べてみよう。「正しいことばを使うべきだ」対「正しいことばが使われるべきだ」。受動態（後者）は弱々しく、効率が悪い。人を魅了するのは能動態だ。

●**話は短く**　私は過去10年間、起業家たちの宣伝文句を聞いてきたが、短いものはひとつもなかった。人は興味があればさらに情報を要求するものだ。興味がなければ、いくら情報を与えても動かない。よって、自己表現のことばは少なめに。

●あいまいさのない、共通のたとえを使う　よく使われるたとえは、戦争とスポーツだ。このうち戦争について言えば、多くの人は戦争を経験したことがない。実際に戦った人は、戦争につきものなのは栄光、勝利、リーダーシップではなく、混乱、死、苦痛だと教えてくれるだろう。また、戦争には勝者と敗者がいるが、魅了する目的は勝ち負けではなく、互いに充分満足することだ。さらに、戦争のたとえでは女性を魅了しにくい。

一方、スポーツのたとえは効率がいい。男女を問わず、多くの人がスポーツをするからだ。とはいえ、スポーツは国によって人気がちがう。アメリカ人にクリケットのたとえを使ってみるといい（私もよく知らないので、例をあげられない！）。「サードダウンで10ヤード深く切りこむ必要がある」とインド人に言ったり、「競争相手をディークしてトップシェルフに決めろ」と南米の人に言ったりしても、たぶんつうじない。自信がないときには、聞き手の文化になじみのあるたとえを使うか、子供や家庭生活など、万人共通のたとえから離れないことだ。

ことばの選択は、服の選択と同じように、安易に出てきたものに決めてしまいがちだから注意したい。

さてこれで、笑顔、服装、握手、ことばという基本要素はそろった。次は「態度」だ。

他者を受け入れる

好意を持ってもらうためには、受け入れてもらわなければならない。受け入れてもらうためには、あなたのほうから受け入れなければならない。それがむずかしいときは、次の4つのことを思い出してほしい。

●人は二元論では割りきれない　人は0や1ではない。利口か馬鹿か、価値があるかないかでは説明できない。誰にでも強さと弱さがあり、ポジティブな部分とネガティブな部分があり、うまくできることとできないことがある。

●誰にでもあなたよりすぐれた点がある　他者を受け入れない人は、自分は誰よりもすぐれていると考えていることが多い。けれども、あらゆる点であらゆる人よりすぐれた人などいない。裕福な投資銀行家から軽んじられる人も、偉大な教師かもしれないのだ。

●ちがっている点より似ている点のほうが多い　基本に立ち返れば、ほとんどすべての人は家族を養い、意味のあることをして、人生を楽しみたいと思っている。これは人種、文化、信念、肌の色、国がちがっても変わらない。よく観察すれば、嫌いな人のなかにも、あなたと共通するものがたくさん見つかるはずだ。

●人は見た目ではわからない　ものごとの優先順位があなたと異なる、くたびれてだらしなく見えるような人も、障害のある子を育てていたり、夫に暴力をふるわれていたり、親の介護をしていたり、ガンにかかっていたりするかもしれない。その人の立場でよく考えるまで、軽々しく人物評価はしないように。「長い目で見る」ことが大切だ。

「死」ほど平等なものはない。私たちはみな組織と骨と液体の集まりとして死ぬ。だから、人を魅了したければ、生きているうちに自己を克服して、他者を受け入れよう。

もっと近づく

あなたは好きな人といつも会っているだろうか？　会うこととは別の要素が働いているのかもしれないが、もしかしたら、たびたび会っていることが、好きになった理由かもしれない。いずれにしても、近くにいて、しょっちゅう顔を合わせていれば、自然に気軽なやりとりが増え、知り合いから友だちへと関係が発展しやすい。つまり、近くにいることから好意が生まれる。

残念ながら、大企業や在宅勤務、デジタルコミュニケーションなどは、物理的な近さと逆に働く。電子的、仮想的なデジタルのやりとりも関係維持には役立つが、関係を一から築いていくときには直接触れ合うのがいちばんだ。椅子から立ち上がってアナログの世界に飛びこむべき理由

互いに魅了し合っているザッポスの社員たち

は、そこにある。

オンラインの靴販売店〈ザッポス〉のような会社は、孤立を防ぐ方法をいろいろ編み出している。たとえば、社員はほとんど仕切りのないオープンスペースで働き、各人がデスクを好きなように飾っている。また、ラスベガスのオフィスでは、建物の非常口を使って出入りすることになっているので、社員はそこで嫌でもほかの人と顔を合わせる。

ザッポスではさらに、デジタル技術まで動員して、広い職場に親近感を生み出している。社員が自分のコンピュータに名前とパスワードを入れると、ソフトウェアがランダムに選んだ別の社員の写真を表示する。そこでいくつか出てくる名前の選択肢のなかから、その人の名前を当てると、今度はプロフィールと経歴が表示されるといった具合だ。

起業家オリ・ブラフマンとロム・ブラフマンの兄弟は、著書*Click*のなかで次のように言っている。「……ほかの人とつながりができるかどうかを決めるただひとつの重要な要素は、人格でも互いの利益でもなく、たんに近くにいるかどうかだ」。だからあなたも立ち上がって、MBWA（動きまわるマネジメント《マネジメント・バイ・ウォーキング・アラウンド》）ならぬ、EBWA（歩きまわって魅了する《エンチャント・バイ・ワンダリング・アラウンド》）でいこう。

自分の価値を押しつけない

私をありのままに受け止めてもらいたい。

——フィンセント・ファン・ゴッホ

かつてある保険団体が、10代の若者を脅してマリファナから遠ざけようと、「マリファナを吸う若者はセックスをしている可能性が5倍」と広告したことがある。考えてみてほしい。これは悪い草を吸うなと戒めているのだろうか、それとも吸えと勧めているのだろうか。

答えは、もっとも好意的に考えても「はっきりしない」だ。この例は、自分の考えを他者に投影することがいかに危険かを示している。場合によっては、めざす方向と逆に進んでしまうこともある。押しつけがましいと恨まれるぐらいですめばいいほうだ。

自分の価値を押しつけながら、なおも相手を魅了できる例はめったにない。無理やり人をしたがわせても、それは「魅了」ではなく「強制」だ。強制力があるあいだしか、服従は続かない。「魅了」の達人は、むしろさまざまな価値観のちがいを楽しみ、できるだけ多くの人を受け入れる。

たとえば〈フェイスブック〉は、決して価値を押しつけない。当初、フェイスブックのサービスは若者と学生に集中していたが、やがてそれをやめ、あらゆる年代の人を取りこむ包括的なモデルに移行した。その結果、いまや数世代にまたがる家族がサービスを利用し、多くの国の総人口を上まわる数のユーザーを獲得している。

情熱をそそぎ、伝える

パリから30キロほどの郊外、オーベル・シュル・オワーズの村に、オーベルジュ・ラブーという小さな家がある。フィンセント・ファン・ゴッホが１９８０年に自害するまえに住んでいたところだ。ゴッホはその村ですごした人生最後の数カ月で、多くの絵を完成させた。

１９８５年7月21日、そのオーベルジュ・ラブーのまえで交通事故に遭ったドミニク＝シャルル・ジャンサンは、事故報告書を読んで、そこが重要な場所だったことを知り、興味をそそられた。その後いろいろなことが重なって、１９８７年にその地所を買った。彼の家族はこれまで改

客を魅了するジャンサン

修に640万ドルを投じ、ジャンサンは施設の運用にあたる〈ファン・ゴッホ・インスティテュート〉の会長になっている。

ジャンサンは歴史家であり、レストラン経営者であり、ゴッホのエバンジェリストだ。己の人生をゴッホの思い出の保存に捧げ、「いつか、なんとかして、カフェのなかに自分の絵を飾りたい」というゴッホの願いをかなえようとしている。

ジャンサンはゴッホを生き、ゴッホを呼吸している。それゆえに、世界最高クラスの魅了の達人になっている。私はこれまで情熱的な人物に何千と会ったことがあるが、彼はそのなかでも頂点に立つ。

ジャンサンは、情熱をそそぎ、伝えることで人が魅力的になれるすばらしい例だ。彼のように情熱に身を捧げている人は、ほかにもいる。新たな情熱を見つけて、人生を豊かにしている人も——。

あなたが情熱をそそいでいるものは？　さあ、隠さずみんなに話そう。料理が好き、ホッケーが好き、自動車レースが好き、編み物が好き、とにかくなんでも。

情熱をそそぐことで、あなたは興味深い人間になる。そして興味深い人間には、魅力がある。

共通の情熱を見つける

イギリスの社会科学者、ニール・ラッカムとジョン・カーライルの著書 *The Art of Woo* によると、最高の交渉人は、相手と共通する興味の対象を見つけることに、準備時間の40パーセントを費やす。あなたは人と交渉するときに、それだけの努力をしているだろうか。

共通の情熱を見つける最初のステップは、すでに説明したとおり、あなた自身が情熱をそそぎ、それを人に伝えることだ。そのあと次のような手順を踏めば、いち早く共通の情熱が見つかるだろう。

●人にはみな情熱をそそぐものがあると考える　どんな人にも夢中になるものがある。それを見つけるのはあなたの仕事だ。まず子供、スポーツ、旅行、食べ物あたりから始めてみよう。情熱

名前	ポジション	情熱をそそいでいるもの
スコット・マクニーリー	サン・マイクロシステムズの共同設立者	ホッケーとゴルフ。シリコンバレーの家の裏にスケート場を作った。
ビル・フォード	フォード・モーターの執行会長	テコンドー、ホッケー、フォークギター（最大のヒットは『ビリー・ガット・バック』）
大賀典雄	ソニーの元CEO・会長	オペラ。ソニーのテープレコーダーの音質に不満を唱えたことがきっかけで、同社に入った。
ジョージ・S・パットン	アメリカ陸軍大将	セーリング。パットンのヨットは〈ホエン・アンド・イフ〉と名づけられた。「もしパットンが第二次世界大戦から帰ってきたときには」の意だ。
ティム・フェリス	『「週四時間」だけ働く。』（青志社）著者	ブレークダンス（よりにもよって）
アルベルト・アインシュタイン	物理学者	バイオリン。「私は人生の喜びのほとんどが自分のバイオリンから来ることを知っている」
ジーナ・デイビス	女優	アーチェリー。2000年オリンピックのアメリカ代表チームの選考会で、300人中24位の成績を残した。
ガイ・カワサキ	いい質問だ。	ホッケー

をそぐものがない人がいたら、それは魅了する価値のない人かもしれない。

●何か相手と共通するものがあると想定する　共通のものがあると想定すれば、いつかそれが見つかる。想定しなければ、何も見つからない。早々にあきらめてしまうからだ。

●宿題をする　人をうまく魅了する人は努力を怠らない。昔は、誰かについて学びたければ、わざわざ図書館に出向いて古い新聞や雑誌を読んだり、時代遅れの人名録を調べたりしなければならなかった。だがいまは、グーグルで検索し、フェイスブックのウォールを読み、リンクトインのプロフィールにアクセスし、ツイッターでその人の最新の考えを知って、共通するものを見つけることができる。

共通の情熱が見つかれば、関係を発展させるのに大いに役立つ。私の場合、面識のない人が何かを売りこんできても、その人がホッケーをするなら敷居が下がる。共通の関心事があるからだ。少なくとも、私が情熱をそそぐものを調べてくれたことについて、相手に感謝する。

多くの場合、そういう人たちとは実際にホッケーをして、話を聞くことになる。私は彼らのビジネスを学び、彼らは私がホッケー選手としてより、エバンジェリストとしてははるかにすぐれていることを学ぶ。要するに、共通の情熱が見つかれば、互いに垣根が取り払われるのだ。

双方に有利《ウィン・ウィン》な状況を作る

好感を持たれる人は、みんなが何かを得るウィン・ウィンの結果を作り出す。スティーブ・マックイーンの最初の妻、ニール・マックイーン・トフルは、私の友人ジョン・ウィノカー（*The Portable Curmudgeon* の著者）に、次のようなすばらしい話をした。

１９６３年の終わりに、ポール・ニューマン、ジェームズ・ガーナー、スティーブ・マックイーンとニールとで、カリフォルニア州リバーサイドで開かれた自動車レースに出かけたときのこと。ロサンジェルスへの帰り道、ニールはトイレに行きたくなり、ガソリンスタンドで停まってもらった。だが、あいにく女性用トイレのまえには長い列。このままでは時間がかかり、渋滞を避けて街に戻りたい同乗者たちが怒るにちがいないと思った彼女は、列に並ぶ女性たちに言った。

「ねえ、あそこを曲がったところに、映画スターがいっぱい乗った車がいるの知ってる？」

「誰？」女性たちが口をそろえて尋ねた。

「スティーブ・マックイーンでしょ、それからポール・ニューマンと、ジェームズ・ガーナーも！」

女性たちは互いに顔を見合わせるや、猛然と車に走っていった。ニールは悠々と用をすませた。もちろん同乗者には、なぜ女性たちが彼らを見つけたのかは話さなかった。

これこそ「ウィン・ウィン」だ。かくしてニールはトイレに入り、女性たちは有名な映画スターに会い、俳優たちは早く街に戻ることができた。
人に好かれるひとつの方法は、ウィン・ウィンの結果を作り出すことである。

ときには罵る

禁句はなくならない。ふつうのことばより強烈に感情を伝えることができるからだ。
——ティモシー・ジェイ（イギリスの認知心理学者）

人は罵《ののし》ることで、注意を引いたり、結束を固めたり、力を示したり、緊張を解いたり、気安い雰囲気を伝えたりできる。だから罵れば、きわめて上品な人を除くすべての人から受け入れられやすくなったりする。

たとえば、2009年6月6日、〈ジス・ウィーク〉という技術関連ニュースサイトの創設者であるレオ・ラポートが、〈テッククランチ〉という別の技術関連サイトの創設者、マイケル・アーリントンと、〈ギルモア・ギャング〉というポッドキャストで言い合いになった。ラポートは、パーム社の新しい携帯電話〈プリ〉がどれほど気に入っているかを語ったのだが、そのやりとりは次のようなものだった。

アーリントン：ちょっと待って。きみはプリの代金を払ったのか？　そこをいますぐ明らかにしようじゃないか。

ラポート：これはレビューのために1週間借りたものだ。残念ながら、プリはこれまで手に入らなくて、これから入る当てもない。今日の午後には1台買える予定だったんだが……。

アーリントン：オーケイ。つまりきみは無料でプリを手に入れた。プリを持っている数少ない人間のひとりだ。

ラポート：そんなことはないよ。持ってる評論家は大勢いるさ。そう、スコーブルも持ってる。マイク、馬鹿げたことは言わないでくれ。腹が立つな。きみの言う「無料のプリ」は1週間で返すのに、それがまるでぼくの評価に影響を与えてるみたいな口ぶりじゃないか、この野郎。

アーリントン：それをどうするつもりだい？

ラポート：マイク、喧嘩を売るな。この野郎、冗談じゃない、下司め、くたばりやがれ。

アーリントン：彼は本気で言っていないと思います。

ラポート：本気だとも、マイク、馬鹿げた話もいいとこだ。

アーリントン：どうして馬鹿げてる？

ラポート：もう頭にきた。レビュー用の端末をもらったから、ぼくが評価に手心を加えると言いたいわけだろ。この野郎。おまえら全員、ここから放り出してやる。ファ××野郎め。

アーリントンは、ラポートのような評論家には各社が新製品を進呈することをよく知っていた。アーリントン自身も、おそらくラポートと同じくらい、いろいろなものをもらっているだろう。彼は、ラポートが何も不適切なことをしていないにもかかわらず、議論のための議論を吹っかけたのだ。

ラポートの罵りは、彼が「あほらしいたけ」（意味は次ページ参照）を我慢しない、ごくふつうの人間であることを示した。この後数日にわたって、何百という人がラポートを支持するメールを送った。

しかし、あなたが罵るときには、不利にならないように次のルールにしたがったほうがいい。

●ここぞというときだけ罵る　毎日のように罵る人は粗野だと思われるし、いつもだと効果も薄れる。ラポートが番組中に罵ることはめったにない。だからこそ聴取者は、アーリントンの決めつけが彼を怒らせたのだとわかった。

●言語道断の偽善、傲慢、意図的な不正確、不誠実に対してだけ罵る　言い換えれば、ふだんは罵らないが、ある場合にだけ抑えがきかなくなるということだ。たとえば、アーリントンの当てこすりは偽善的で不正確だから、礼儀正しい応答より激しいことばによる応答がふさわしい（これは「偽悪語法」と呼ばれる。罵倒語の複雑さに関する知識でほかの人を感心させたければどうぞ）。*

●見ている人の支持があるときだけ罵る　オーディエンスがあなたとあなたのメッセージに共感していなければ、罵ってもたいてい逆効果となり、見ている人の敵意が増すだけだ。ギルモア・ギャング・ショーは、ラポートのサイトでおこなわれ、その日はラポートが司会者だった。ショーを見る人たちの大半は、ラポートが好きで見ている。応援メールの量が物語るように、見ている人は明らかにラポートを支持していた。

●穏やかに罵る　効果をあげるだけの強さはあるが、人をあまり怒らせない、たとえば「ゴミ」や「いけ好かない」といったことばを使う。私の「あほらしいたけ」（bull shiitake）のように、こういうときのための造語を使ってもいい。直接の意味は、牛のような（？）マッシュルームであって、罵倒語（bull shit）ではない。もし誰かが本当に嫌なやつだったら、「××の穴」ではなく、心おきなく「開口部《オリフィス》」と呼んでやればいい。

＊スティーブン・ピンカー『思考する言語「ことばの意味」から人間性に迫る』（日本放送出版協会）、2008年9月10日、www.youtube.com/watch?v=yyNmGHpL11Q

罵りはリスクもともなうが、リスクを冒さずに親密な関係は築けない。だから本当に必要なときには、いくつか罵りの爆弾を落とし、様子を見てみよう。とはいえ、決して罵りで誰かを脅したり、貶《おとし》めたりしてはならない。それはぜったいに受け入れられないことだ。

ここで女性にひと言。2010年の時点ではまだダブルスタンダードが存在し、女性は男性に比べて、罵ることが社会的に認められていない。したがって多くの女性は、女性同士か同僚といるときにしか罵らない。私からのアドバイスは、「先ほど述べたルールにしたがって、あとはなりゆきにまかせること」だ。なぜなら、ダブルスタンダードを打ち砕く最良の方法は、受け入れないことだから。

まず「イエス」と言う

好かれるための最後の方法は、「イエス」と言う態度を身につけることだ。つまり、人から何か要求されたときには、基本的にイエスと答える。警戒する必要はない。人と関係ができたばかりのころの要求はたいてい小さく、単純で、たやすいことばかりだ。リスクはそれほど大きくない。

イエスと答えれば、時間が稼げる。より多くの選択肢を見て、親しい関係を築くことができる。

私はこれを、*The Frog and the Prince* の著者ダーシー・レザックから学んだ。レザックは、すぐれたネットワーキングとは、人と会ったときにどうやって手を貸せるかをつねに考えることだと定義する。

逆に、「ノー」と答えるとすべてが止まってしまう。めざすべき場所も、関係を築くための土台もなくなり、そこで選択肢が途切れてしまう。そもそも関係を始めなければ、そこから何が生まれるかもわからない。少なくとも「ノー」の代わりに「いまはまだ」と考えよう。「イエス」のデフォルトがうまくいくには、まわりの人が合理的で、正直で、感謝の気持ちを忘れないと想定しなければならない。すべての人がそうとはかぎらないが、たいていの人には当てはまる。

あなたの人生で選べる道はふたつある。まわりの人を、善人であることが証明されるまで悪人と考えるか、悪人であることが証明されるまで善人と考えるか——。

請け合ってもいい。後者のほうが多くの人に好かれるだろう。

「魅了された」ストーリー②

フラン・シェイは、カリフォルニア州ロサンジェルスの〈E!エンターテインメント・テレビジョン〉の元社長。彼女は、ラジオ・パーソナリティのハワード・スターンに好感を抱き、魅了された話をしてくれた。

1990年代初め、私は制作担当のトップとして、E!の番組企画を12カ月でまとめねばならなかった。しかも、その企画には思い切った動きが必要。とにかく必死だった。そこで出したのが、「ハワード・スターン・ショー」だった。でも、このアイデアには問題が山積みだった。

● ハワードはロサンジェルスの有名ラジオ局で番組を始めたが、すぐに人気が高まり、多くの都市で同時放送されるようになっていた。彼としては、名もない新興テレビ局をラインアップに加える必要はなかった。
● ちょうどこのころ、ハワードはあるテレビ番組の仕事で落胆し（地方テレビ局のプロデューサーや経営陣に幻滅した）、テレビからは距離を置いていた。
● 彼は超多忙だった。番組は1日4～5時間、それが週に5日。制作と打ち合わせの時間も必要だった。そのうえ、家庭もとても大切にする人だった。
●ハワードはニューヨークにいて、E!はロサンジェルスにあった。
●ハワードの出演料は、私たちの小さなケーブルテレビ局にはあまりにも高すぎた。
●彼のエージェントは、業界屈指の頭脳派だった。

ところが、いざ彼との打ち合わせが始まると、その場に魔法の雰囲気が生まれた。ハワードはじつに魅力的な人物で、人懐っこく、すでにベテランのコメディアンのごとく、あらゆる才能をそなえていた（いまでは実際にベテランだ）。仮面の下には、立派なプロ意識があったのだ。話し合いはざっくばらんで楽しく、事前の評判から過激で下品な発言を予想していた私は驚いた。

「魅了」にはいろいろなかたちがある。私はハワードに魅了され、ハワードにも私の必死な思いが伝わった。たとえ彼がラジオショーをテレビで流すことに反対しても、押しきれそうな気がしてきた。HBOのプロデューサー時代に多くのコメディアンと仕事をした経験から、ハワードがとても才能豊かなパフォーマーであることがわかったので、ぜひともこの仕事は実現させたかった。

私は押しに押した。めったにないことだが、心と心が共鳴する話し合いになった。最終的な取り決めに入るころには、何度となく笑いが起こったのを憶えている。私にとってあれほど重要な会合はなかったのに、驚くべきことに、こんなことでいいのかと思うほど楽しんでいた。契約はほぼ無理だと開き直っていたからこそ、打ち合わせがあれほどにぎやかで楽しく、「魅力的」なものになったのだと思う。

私とハワードは互いに心から好感を抱き、いっしょに何か「ちがうこと」ができると確信した。ハワードは「ちがい」にこだわる人だ。やがて私たちは契約を交わし、おかげでE!は有名になった。ハワード・スターン・ショーは、長年にわたって、夜ごとE!で放映された。

3章 信頼がなくては魅了できない

あらゆる販売には、基本的に5つの困難がある——必要がない、金がない、急ぎの用がない、欲しくない、信頼がない。

——ジグ・ジグラー（アメリカのカリスマ営業マン）

好感を持ってもらうことは、魅力的な新しいあなたになるための闘いの半分を占める。では残りの半分は？　信頼してもらうことだ。好感を抱いても、魅了されるほど信頼していないことはありうる。この章では、ほかの人に心から信頼される方法を説明しよう。

他者を信頼する

もしも、ザッポスのCEOで、『顧客が熱狂するネット靴店　ザッポス伝説』（ダイヤモンド社）を書いたトニー・シェイから、女性に試しばきなしで靴を買ってもらうビジネスを興《おこ》したいと相談されていたら、私は正気の沙汰ではないと答えていただろう。わが妻が、はいてもみないで靴を買うことなどありえないからだ。だが、私はまちがっていた。いまわが家には、ザッポスの箱が絶え間なく届いている。何千というほかの女性（男性）たちの家にも。

ザッポスは双方向の信頼を築いている。女性たちはザッポスの返金保証と送料無料（買うときも、返すときも）を信頼し、ザッポスは女性たちが返品の特権を乱用しないと信じている。

他者を信頼しない人は、過去に苦い経験をしていることが多い。それによって、食うか食われるかという不信の哲学を持つに至ったのだ。しかし、人に信頼されたければ、まずあなたから人を信頼しなければならない。

信頼で実現することを考えてみよう。互いに相手を信じれば、駆け引きがなくなり、目のまえの問題の先を見通すことができる。あまりためらわずに、自分をさらけ出すことができる。人を魅了するのに秀でた人は好人物だが、さらに秀でた人は、好人物であると同時に信頼できる。

念を押しておく。最初のステップは、自分のほうから他者を信頼することだ――ザッポスが、顧客は送料無料で返品できる権利を乱用しないと信じているように。

「高潔の士《メンシュ》」になる

受け取るときと同じように、機嫌よく、すばやく、ためらうことなく与えるべきだ。なぜなら、手元を離れない利益には品位がないから。

――セネカ（古代ローマの哲学者）

「メンシュ」とは「人間」を表すドイツ語だが、それを超えるイディッシュ語由来の意味合いとして、相手が誰であろうと、自分の行為を誰に知られようと、公明正大で、親切で、裏表がない人物を指す。

わが友人で、*The Leader as a Mensch* の著者、ブルーナ・マーティヌッツィが、高潔の士になるための10の方法をまとめている。* 彼女の洞察を私なりに言い換えるとこうだ。

①つねに正直に行動する。
②不当に扱われても礼儀正しく接する。
③過去に果たせなかった約束を果たす。
④自分にとってぜんぜん得にならない人も助ける。
⑤ものごとがうまくいかないときに、誰かを責めず、「何を学べるか」を問う。
⑥自分以上に優秀な人を雇い、成長の機会を与える。
⑦人の邪魔をしない。人の心配事を即座にはねつけない。あわててアドバイスを与えない。話題

*ブルーナ・マーティヌッツィ How to Be a Mensch in Business、オープン・フォーラム（ブログ）、2009年4月3日、www.openforum.com/idea-hub/topics/the-world/article/how-to-be-a-mensch-in-business-guy-kawasaki

を変えない。ほかの人に花を持たせる。
⑧何を引き受けても、まわりに害を及ぼさない。
⑨ほかの人のアイデアを即座に攻撃しない。
⑩自分の知識、経験、ベストプラクティス（最良事例）を、ほかの人と共有する。

私はここにあとふたつ追加したい。

●**善意を大切にする**　高潔の士は善意を大切にする。つまり、世界をよりよい場所にするポジティブな行動に力をそそぐ。自分の地位を高めることや他人をけなすことに力をそそぐ人間は、信頼されない。

●**他者をあわてて評価しない**　私の考え方が性善説（悪人とわかるまで善人と考える）であることはすでに述べたが、もうひとつ信じていることがある。それは、誰かを悪人と評価するのは、何度か苦い経験をさせられたあとにするということだ。善人も、ときにはこちらの理解できない状況によって悪いことをするかもしれない。だが、だからといって彼らが悪人とは言えない。

前章のニール・マックイーン・トフルの話をしてくれた著作家、ジョン・ウィノカーが彼女と知り合ったのは、ジェームズ・ガーナーの伝記*James Garner*の共著者になったのがきっかけだった（マックイーン夫妻はガーナーの友人だった）。

この手のプロジェクトでは、共著者はふつう印税ではなく一括で謝礼を支払われる。だが、ある日、ガーナーのマネジャーがウィノカーに電話をかけてきて言った。「ジム（ジェームズ）の希望で、この本で得られる収入を最後まで半々にしたいそうです」。数週間後、ウィノカーはガーナーの署名の入った契約書を受け取った。

ウィノカーも高潔の士だったので、ガーナーに連絡して、寛大な措置に感謝した。すると、ガーナーは「どうして寛大なんだい」と訊いてきた。

ウィノカーは答えた。「とても貴重な財産の半分を私にくださることになさったからです。本来ならわずかな額の謝礼ですんだはずなのに」

「本当に？」、ガーナーは言った。「どうしてそれを初めに教えてくれなかったんだ」。もちろんガーナーは、最初から自分が何をしているか承知していた。しかし、それを認めるにはあまりにも高潔の士《メンシュ》だった。つまり、「どうぞ気になさらず《ドント・メンション・イット》」ということだ。

他者を助ける人物、世界をよりよい場所にする人物として人々の記憶に残りたければ、高潔の士になればいい。

簡単なことだ。

自分の利益を明らかにしよう

自分が得る利益をただちに、すべて明らかにする——これは、信頼を生み出す重要な要素である。すでに述べたとおり、人はつねに、あなたの動機はなんだろうと考える。だからまずその疑問を解決するのだ。

あなたがすべてをオープンにしているかぎり、人は利害が一致していようと、対立していようと気にしない。私たちにはみなそれぞれの生活がある。信頼が傷つくのは、あなたにはなんら金銭的利害がないと思われていたのに、あとでそうではなかったとわかったときだ。

あるものが大好きで、それを売るために人を魅了したい場合なら、その自分の熱意を公にするといい。それ自体がすぐれたマーケティングになる。そのものに惚れこむあまり、居ても立ってもいられず行動を起こしたということだから。

私は、みずから投資もしくはアドバイスをしている企業のリストを作って、ブログに掲載している。「利益の対立」の逆の「利益の一致」というタイトルまでつけて。自分の利益と、読者およびそれらの企業の利益は一致していると思うからだ。

内面の理由を大切に

『影響力の武器』（誠信書房）の著者であり、アリゾナ州立大学の元教授、影響力に関する権威であるロバート・B・チャルディーニによれば、エチオピア政府は1985年、地震に襲われたメキシコに義援金を送った。自国の経済危機にもかかわらずエチオピアがそうしたのは、50年前にイタリアから侵攻されたとき、メキシコが支援してくれたからだった。エチオピアのこの行動は、好意、贈り物、援助の返礼をするという相互関係の好例だ。

一般に、相互関係には3つの形態がある。

第一の形態は、最初から返礼を期待して何かをすること。これは「取引」であり、もちろんうまくいく場合もあるが、「魅了」ではない。

第二の形態は、将来への投資、または「先払い」として何かをすること。与えることと与えられることが明確に結びついておらず、時間的にも近くないので、これは取引ではない。結局、相互関係が生まれないこともあるが、生まれる可能性もある。この形態からは「魅了」が発生しうる。

三番目の形態は、ほかの人を助けたいといった内面の理由から何かをすること。これはもっとも純粋な相互関係である。受け取る側（たとえば、路傍に倒れている見知らぬ人）が何も返礼できないことが多いからだ。だが、私の母がよく言っていたように、「神様は知っている《アクア・サベ》」。この形態の相互関係は、あなたの信頼をもっとも高め、相手をもっとも強く魅了する。

知識とコンピテンスを両方とも手に入れる

知識とは、教育と経験を通して知った専門の内容だ。知識を証明するものには、学位、職歴、顧客からの推薦、証明書、賞与、その他の表彰などがある。

能力《コンピテンス》は知識とはちがう。知っているからといって、やれるとはかぎらない。コンピテンスは、何をすべきか知っているという段階から一歩進んで、行動を起こす。

知識とコンピテンスのいい例はないかと頭を悩ましていたのだが、その例をほぼ毎日耳にしていることに気がついた。ナショナル・パブリック・ラジオ（NPR）の番組『フレッシュ・エアー』だ。

その制作責任者で司会も務めるテリー・グロスは、落ち着いた会話のなかにも鋭く切りこむインタビューで人々を魅了している。サンフランシスコ・クロニクル紙は、彼女のインタビューを、「共感、温かさ、本物の好奇心、鋭い知性の驚くべきブレンド」と評する。彼女には知識とコンピテンスの両方がある。

週末には、ピーター・セーガルも、NPRのニュースクイズショーで知識とコンピテンスを披露している。セーガルは実績のある劇作家だが、誰もそんなことは気にしない。一瞬で絶妙の反論を返す彼の能力は驚くべきものだ。裕福で著名な有力者の愚かさ、傲慢、無知を、セーガルほど見事に攻撃する人はいない。たとえば、次の小話のように――。

2007年、総合エネルギー商社BPのトップに立ったトニー・ヘイワードは、同社の安全の問題を解決すると宣言した。ヘイワードの優先順位の1番目は、不快なコーヒーの火傷をなくすこと、400番目は、世界を破滅させないことだった。

BP本社の通路には、そこここにコーヒーを持ち歩かないようにと社員に訴える紙が貼り出された。その後、熱い飲み物に関連する職場の事故は大幅に減った。このコーヒー安全計画の成功を受けて、今度はすべての深海油井に紙が貼られた――「原油を海に流さないように」。

知識はすばらしい。コンピテンスもすばらしい。しかし、両方がそなわったときこそ、あなたは信頼され、魅力を増すことになる。この世界にあって、両者の組み合わせは清々しい空気《フレッシュ・エアー》のようなものだ。

みんなに見せる

高潔さ、知識、コンピテンスの資質をそなえていても、外に出さなければ意味がない。つまりは人々との交流だ。デジタルの世界で言えば、Eメールやツイート、ボイスメール、ビデオチャットに答えることである。

ローレン・アイズリーの『星投げびと』（工作舎）では、旅人が、ヒトデを救おうと海に投げ返している男に会う。そんなことをして何か意味があるのか、浜辺には何千とヒトデが打ち上げられているのに、と尋ねると、男はまたひとつヒトデを取って海に投げ、こう言う。「いまのあのヒトデにとっては意味がある」

私は毎日、合計200件のメール、ツイート、手紙、ボイスメールを受け取る。そのすべてには答えられないが、たいていの人よりは答えていると思う。返信を受け取った人にとっては、「意味がある」。だから、たとえそれが「ごめん、いまは支援できない」だったとしても、感謝の返事をくれる人がたくさんいる。

信頼されたければ、現実と仮想の両方の世界に姿を見せることだ。たいへんな作業ではあるが、一瞬で何千もの人と信頼を築くことなどできない。信頼できる人というイメージができるまでには、何カ月もかかるのだ。

もっと大きなパイを

世の中には2種類の人（および組織）がいる――「食べる人」と「焼く人」だ。「食べる人」

は、いまあるパイをできるだけたくさん取ろうとする。「焼く人」は、もっと大きなパイを作ろうとする。「食べる人」は、相手が勝てば自分は負け、自分が勝てば相手は負けると考える。「焼く人」は、もっと大きなパイを作れば誰もが勝てると考える。

ツイッターは、より大きなパイを作った。誰もがそれでニュースや最近の出来事を人々に伝えられるようになった。

サウスウェスト航空は、人々を車やバスから飛行機に移した。

グーグルは、広告ビジネスを代理店の手から奪って、中小企業に与えた。

こうした会社はみな、同じパイをもっと食べようとするのではなく、より大きなパイを焼いた。

大きなパイを焼けば信頼性が増し、次のようにいいことがある。

●**みんながいっしょに働く**　誰もが利益を得られるので、競争相手でさえもいっしょに働くようになる。ひとつのアイデアに多くの人が協力すれば、それだけさらに、みんなの利益になる結果が生まれる。

●**「最先端の」進歩や変化が生まれる**　パイの大きさが変わらなければ、進歩は止まってしまう。パイが大きくなれば、新しいテクノロジーやアイデアが実を結ぶ。

●**顧客が増え、多様化する**　パイが大きくなると、それだけ商品やサービスのユーザーが増える。

コンピュータとインターネットの普及によって、より多くの人がそれらを利用し、さらに大勢の人が利益を得る。

ことわざにあるとおり、「上げ潮はすべての船を持ち上げる」。パイを焼く人は、食べる人よりはるかに魅力的だ。

相手の立場で魅了する

〈スーザン・G・コーメン救済レース〉は、乳ガンの治療法を研究する組織を支援している。乳ガン経験者なら35ドル、ほかの人は40ドルの参加費で誰でも走ることができるレースだが、35ドルで歩くこともできるし、子供なら20ドルで走れる。ここまではじつに論理的だ。

しかし、35ドル払って「救済レースを寝てすごす」こともできるのをご存じだろうか（スーザン・G・コーメンのスタッフにひと言。このレベルの参加にはいちばん高い料金を課すべきだ。ベッドから出たくない人の罪悪感は消えるし、寄付金の額も増やせる）。

ここでの教訓は、「客観的に考えて、相手の立場で魅了せよ」だ。体力自慢の人は、夜明けとともに起きて、自分をいじめるように走りたがるが、のんびり寝てすごすことによって活動を支援したい人だっている。うるさいことは言わずに、彼らが与えてくれるものを受け入れればいい。

そして、誰もが満足できる最適な料金をつけるのだ。

自分をポジショニングする

偉人は一文で表せる。

――クレア・ブース・ルース（アメリカの劇作家、下院議員）

好感と信頼を得る最後のステップは、あなた（または、あなたの組織）をポジショニングするフレーズを作ることだ。自分がしていること、そして自分が存在する理由を説明しよう。参考までに、すぐれた「自分ポジショニング」の特徴を４つあげておく。

●**簡潔**　ことばは少なければ少ないほどいい。上限は10ワード。これは、記述の対象が人でも組織でも変わらない。「自分ポジショニング」は、長々しいミッションステートメントではなく、呪文のようなものと考えよう。

●**明快**　誰にでも理解できるシンプルなことばを使って、「あなたは何をしているの？」の質問に答える。そのとき、派手な「肩書き」ではなく、「仕事の内容」を重視する。このふたつは異なるものだ。

●**独特**　多くの人は自分を記述するのに、「献身的」、「熱心に働く」、「正直」といったことばを使う。だが、そもそも自分を怠け者や不正直と表現する人はいない。できるだけほかの人が使わないことばを使ってみよう。形容詞を省いて、動詞だけであなたの仕事を説明できればさらによい。

●**謙虚**　謙虚でない記述はあまり信用されない。自己陶酔は慎むべきだ。形容詞を省くことのもうひとつの利点は、謙虚さが生まれることにある。

ごくシンプルな記述も、驚くべき効果をもたらすことがある。『影響力の武器　実践編』（誠信書房）の共著者スティーブ・マーティンから聞いた話では、ある不動産会社の電話受付マニュアルをほんのわずか修正したところ、面談の機会が20・1パーセント、売上が16パーセントも増えたそうだ。

わずかな修正とは、たとえば「サンドラにおつなぎします」と言うときに、ひと言「彼女はこの地域の不動産賃貸を20年間扱っています」とつけ加えるといったことだった。経験年数を伝えることによって、会社のポジショニングに成功し、顧客を獲得する能力が高まったのだ。

ちなみに、私自身のポジショニング文は2ワード――「人に力を与える《エンパワー・ピープル》」。あなたのポジショニングは？　次のスペースに書きこんでみよう。

ヒーローとは逃げることを怖れる人である。

——イギリスのことわざ

ヒーローになる

この章のまとめに、好感、信頼、魅了の限界値をさらに押し上げる方法をあげておく。それは、「ヒーロー」になることだ。

このことばは、5セント硬貨のようにあちこちに放り投げられている——起業家にも、スポーツ選手にも、慈善家や政治家にも。こういう人たちは大金を稼ぎ、最後の瞬間にタッチダウンを決め、何百万ドルも寄付し、選挙に立候補するからだ。

しかし、「ヒーロー」ということばは、そう軽々しく放り投げるものではない（マンホールの蓋と同じく）。大きなリスクを冒して大きなことをなしとげ、極限の状況で勇気と不屈の精神を示した男女にこそ使うべきものだ。

たとえば、建築家のフランク・デ・マルティーニと彼の同僚のパブロ・オルティス、そしてカルロス・ダコスタとピート・ネグロンの4人は、9・11の世界貿易センター崩壊の際、70人を助けたあと死亡した。1940年、リトアニアの領事館に勤務していた日本人外交官の杉原千畝《ちうね》は、ナチスから逃れようとしていた2000人を超えるユダヤ人にビザを発給した。日本政府の命令に背いたその行為によって、妻とともにたいへんな危険にさらされることになっても。

こうした人々こそ、本物のヒーローだ。

あなたもヒーローになれる。特別な訓練も遺伝子も必要ない。多くのヒーローがまず口にするのは、「同じ状況に置かれたら、誰だって同じことをする」だ。

スタンフォード大学のフィリップ・ジンバルドと、ウィスコンシン薬科大学のジーノ・フランコによると、「ヒーロー的発想」がふつうの人をヒーローに変えるという。その発想によって、私たちは困難な事態が生じたときに「どうやって勇敢な行為に取り組むかを考える」のだ。

ジンバルドとフランコの言うヒーロー的発想を育てるのに必要なステップは、次のようなものだ。

- つねにまわりに注意を払い、ヒーローのような行動が必要な状況かどうかを見きわめる。
- 論争に耐え、己の原則を堅持することを学ぶ。
- 行動をとれば（とらなければ）何が起きるかを想像する。

●行動を避ける理屈づけに抵抗する。
●いい結果につながるからといって、悪い手段を容認しない。
●ヒーロー的な行動が最終的には周囲に認められることを信じ、ネガティブな結果を連想しない。

要するに、ヒーローも、メンシュも、たんに好ましくて信頼される人も、みんな魅力的なのだ。あなたも人を魅了したければ、そうした特徴を身につけなければならない。

「魅了された」ストーリー③

トニー・モーガンは、ジョージア州アトランタで活動する牧師、著作家、教会コンサルタントだ。以下は、トニーがある教会から信頼と魅了について学んだ話である。

1990年代の初め、私は友人に招待されて、妻とふたりでシカゴに旅行した。初めてのシカゴはじつに魅力的だったが、私たちにもっとも強い印象を残したのは、滞在中に出席したウィロー・クリーク・コミュニティ教会の礼拝だった。

私は、きわめて伝統的でこの上なく退屈な宗教が根づいた土地に育った。だから、教会と現代の日常がうまく結びつくとは思ってもみなかった。だがウィロー・クリークの礼拝では、オルガン曲ではなく現代の音楽が流れ、ステンドグラスではなくビデオが使われ、固い信徒席ではなく快適な椅子が並べられ、あくびをもよおすこともない、生活に直結したメッセージが伝えられていた。

ウィロー・クリークでの体験で、私はひとつの可能性に目覚めた。同じ聖書のメッセージを届けるにしても、違う方法をとることによって、教会は新しい世代の心に訴えられるのではないか、と。今日では、こうした教会のスタイルはことさら珍しくもない。しかし、当時の私にとっては新鮮な驚きだった。20年近くまえのその土曜の夜まで、教会に属していない人、信仰を持たない人たちと教会が真に結びつくことは不可能だと思っていたのだ。

しきたりや儀式を強調しないことで、生きた人々とつながることができる。ウィロー・クリークでは、互いに自然にふるまうことから信頼が育っていた。そして、その信頼が外部の人への扉を開き、外部の人もウィロー・クリークを受け入れていた。

4章　正しい準備の仕方

神のように創造せよ。王のように命令せよ。奴隷のように働け。
——コンスタンティン・ブランクーシ（ルーマニアの彫刻家）

好感と信頼が得られたら、次はあなたの「素材」（商品、サービス、会社、またはアイデア）を検討する番だ。この章では、すぐれた素材の質と、それを成功に導くための基礎作り、準備について説明する。

偉大なことをする

スティーブ・ジョブズは卵を魅了して、黄身を崩さずに殻を脱がせることができる。しかし、さすがのスティーブも、マッキントッシュやiPod、iPadがなかったら、次《ネクスト》に売るものはなかった。彼のビジョンと、ビジョンの実現（偉大なアップルの製品）、それにステージでのあの存在感が組み合わさったときに、スティーブは誰にも止められなくなるのだ。

もしあなたが完璧に魅力的なら素材はなんでもかまわないし、素材が完璧に魅力的なら、あなたはどんな人間でもかまわない。でも、それは理想。私の目標は、そんな世界が実現するのを手伝うことだ。

まずは、魅力的な素材について考えてみよう。

20年以上前、私はすぐれた素材とは何かをリストアップしたことがある。その後、何度かそのリストを見直しているが、ずっと役に立っている。こういうものだ。

●**深い**　深い素材には多くの特性がある。そういう素材は、高度になっていく顧客の要求をあらかじめ予測している。たとえばグーグルは、単純な検索から、Eメールやボイスメールの管理、RSSフィードの統合、個人ウェブサイトの分析まで、オンラインのニーズをワンストップで満たす。その商品の幅は信じられないほど深い。

●**知的**　知的な素材は人々の問題を賢く解決する。たとえば、家族に車を運転するティーンエイジャーがいれば安全性が気になるが、フォードのシステム〈マイキー〉は車のスピードを制限し、オーディオシステムの音量の上限を定めることができる。また、車が動いているときにシートベルトを締めていなければアラームを鳴らし、ガソリンが少なくなると早めに警告し、時速45マイル、55マイル、65マイルでチャイムが鳴る。マスタングGT500を買おうと思っていて、ティーンエイジャーの息子がふたりいるときに必要なシステムが、まさにこれだ。

●完全　完全な素材は、すばらしい体験を提供してくれる。そこには、サービスやサポートだけでなく、継続的な「魅了」も含まれる。たとえば、トヨタの〈レクサス〉の体験は、鉄、革、ガラス、ゴムの集合体を超えるものだ。もちろんアフターサービスも体験の一部である。レクサスはその高性能ゆえに「深い」車であり、そのすぐれた補助的サービスゆえに「完全な」車だ。

●力を与える　力を与えてくれる素材があれば、いままでやっていたことがもっとうまくでき、手に負えなかった新しいこともできるようになる。より賢く、強く、巧みになる。自信が生まれ、自分の人生をコントロールする能力も増す。人々がマッキントッシュを愛し、コンピュータを自分の延長のように感じるのは、こうした力を与えられる感覚があるからだ。

●エレガント　ある素材がエレガントになるのは、ユーザーインターフェイスと、ユーザー体験が重視されているからだ。エレガントな素材は人に協力する。エレガントでない素材は人と闘う。エレガンスの例をあげれば、ハーマン・ミラーの〈イームズチェア〉、ダイソンの〈エアブレード〉ハンドドライヤー、アウディA5／S5だ。

あなたの創造力が発揮されつづけるように、次ページに、私自身が魅了されたもののなかから「名誉の殿堂」入りしたものを紹介しておく。続いて、あなたの例も書いてみよう。

	ガイ	あなた
車	1965年製 フォード・マスタング	
マッキントッシュ	Ilci	
航空会社	ヴァージン・アメリカ	
街	イスタンブール	
本	ブレンダ・ウェランドの 『本当の自分を見つける 文章術』(アトリエHB)	
政治リーダー	ネルソン・マンデラ	
俳優	クイーン・ラティファ	
エンジニア	スティーブ・ ウォズニアック	
テレビ司会者	マイク・ロウ	
女性ブロガー	『ザ・ブロゲス』の ジェニー・ローソン	
男性ブロガー	ロバート・スコーブル	
歌手	コリーヌ・ ベイリー・レイ	
子育て	養子	
建築	アントニ・ガウディ	
服	アン・ナンバの アロハシャツ	

深く、知的で、完全で、力を与え、エレガントな素材によって、人を魅了するプロセスはずっと楽になる。

そんな素材を、好ましくて信頼できる人物と組み合わせれば、魅了できることまちがいなしだ。

死「前」解剖をおこなう

医学では、死後解剖をおこなって死因を探る。病理学者が、法的、教育的な目的で解剖をおこない、残された家族に、愛する人が亡くなった理由を伝えて心の整理を助けるのだ。

だが、死後解剖は、死んだ商品やサービス、組織に対してはめったにおこなわれない。死んだものを研究する時間も金もないし、事実を細かく調べる人もいない。それに、関係した従業員は腹を立て、いまさらそんなもの見たくもないと思っている。だから、素材が死んだあとで手を加えたり、何かを学んだりすることはむずかしい。

これに対して、『決断の法則』（トッパン）の著者ゲイリー・クラインは、死「前」解剖のほうが望ましいと指摘する。死前解剖は、死を「説明する」のではなく、「防ぐ」ことに役立つからだ。手順は次のとおり。

市場投入の際にチームが集まったら、まず、チームリーダーがメンバー一人ひとりに、このプロジェクトが失敗したと仮定して、失敗の理由をあげてほしいと言う（たとえば、部品の不足）。

次に、その理由の発生を防ぐ方法を考える（たとえば、部品の二次、三次の調達先を確保する）。
死前解剖の目標は、潜在的な問題を防いで、成功の確率を高めることだ。具体的には5つの利点がある。

- 発生後ではなく、発生前に問題を特定できる。
- 拙速な市場投入を減らせる。
- チームが抱える難題に、クリエイティブで系統立ったアプローチができる。
- チームですでに検討しているため、初期の危険信号に敏感になる。
- 政治的な争いが減り、より多くのメンバーがチームに参加する。

進行中のプロジェクトについて、チームメンバーに批評を求めるのは効率がよくない。みんな他人の仕事は攻撃したくないし、批評することによって「協力的でない」プレーヤーと見なされることを怖れるからだ。

それに対して死前解剖には、時間と労力を投資する価値がある。こちらは成功を導き、おそろしい死「後」解剖を不要にするのに役立つ。

成功するための道すじ

ときには、あなたが率先して流れを作って、みんなをそこに導くことが、人々を魅了する最良の方法になることもある。

私は息子のホッケーチームのシーズン終了のパーティで、ちょっとした実験をしたことがある。2種類のゴミの缶を並べて反応を調べたのだ。ひとつには蓋がなく、もうひとつには直径15センチの穴の空いた蓋がついていた。飲み物の空き缶や空き壜を入れるのにちょうどいい大きさだが、ゴミを分別してリサイクルするという説明や表示はまったくつけなかった。

パーティの参加者は、20人のティーンエイジャーの少年とその親たち。親はみないい人だが、子供にゴミを分別させることにはあまり熱心ではなかった。私は以前にも少年たちと旅行したことがあったので、控えめに言っても、このチームの長所が整頓と清潔さにないことは身に染みていた。

それまでわが家で何度となく開いたパーティでは、蓋のないゴミ缶と、リサイクル用のプラスティックのバケツを用意していたが、ゴミを分別する人はわずかだった。私は毎回、ゴミ缶のなかからリサイクルできるものを選り分けなければならなかった。「不都合な真実」とはこのことだ。

実験の結果は驚くべきものだった。丸い穴のゴミ缶には、空き壜と空き缶がたくさん入ってい

態度を変えさせるゴミの缶

ただけでなく、ほかのものが何も入っていなかったのだ。当然と言えば当然だ。不届き者が紙の皿でも入れようと思ったら、折り曲げて穴から押しこまなければならない。丸い穴は、人々にやるべきことをやらせる完璧なきっかけになった。

では、もう一方の蓋のないゴミ缶のほうは？　みんな注意してゴミを分別するだろうか、それとも楽な道を選ぶだろうか。なかを調べてみると、ビールの壜が5本入っていた。つまり、5人の親が無神経だったか、趣旨を理解していなかった（少年たちはビールを飲まない）。しかも、その壜は底のほうに入っていた――おそらく、仲間の行動からプレッシャーを感じるまえだったのだ。

考えすぎかもしれない。ただ、この例から、人々の態度を変える方法がひとつわかる（魅了することも、おそらくこの延長だ）。要するに、なめらかな道筋を作ればいいのだ。極端にやると策謀や人心操作になり、彼らの利益に反してしまう。しかし、あなたの動機が純粋で、正しいことを簡単にやってもらうのが目的なら、人々は期待どおり協力してくれるだろう。

短く、シンプルに、わかりやすく

第二次世界大戦のまえまで、人生は単純だった。そのあと、システムができた。

――グレイス・ホッパー（女性プログラマー、アメリカ海軍軍人）

アレン・ケイは、ニューヨークの広告会社〈コーリー・ケイ＆パートナーズ〉の創設者、いわばテレビドラマ『マッドメン』〔訳注：1960年代のニューヨークの広告代理店が舞台〕に出てくる人々の現代版だ。その彼が9・11のあと、テロとの戦いに協力するために、広告人らしくコピーを考えついた――「何かを見たら、何かを言おう」

彼のクライアントであるニューヨーク州都市交通局は、そのコピーの入ったポスターを、地下鉄にも、バスにも、電車にも掲示した。「とっつきやすく、わかりやすい」方法で素材を伝えた好例である。

何かを見たら、何かを言おう。
持ち主が見当たらないものにご用心。
警官、MTA 職員、または 1-888-NYC-SAFE まで。

この種のメッセージが人々を魅了するのは、みんながそれを理解してほかの人に伝えるからだ（ケイのこのフレーズをグーグルで検索すると、２０１０年の時点で約８００万件の結果が出る）。

あなたの素材も、とっつきやすく、わかりやすくできる。そのための方法を以下にあげてみよう。

●**三連続で調子よく**　同じ長さの3つの文節を一文にまとめる。たとえば、「見て、試して、買って」（１９４０年代のシボレーの広告）。「誠実に、簡潔に、着席して」（演説者に対するフランクリン・デラノ・ルーズベルトのアドバイス）。または、「ロケーション、ロケーション、ロケーション」（不動産取引の知恵）。３つの単語やフレーズの組み合わせはじつに強力だ。

●隠喩を使う　隠喩は、素材の意味を伝えるために、別のものにたとえる手法だ。たとえば、ジョンソン&ジョンソンの「お子さんの新しいボディガードです」というバンドエイドの広告。「ボディガード」ということばが、商品の強さと子供の大切さを伝えている。

●直喩を使う　あまり似ていないふたつのものを、「〜のような」でつなげて比較する手法。「ドラッグをやるのは火遊びのようなものだ」とか、「ホッケーは戦争とバレエのようなものだ」とか。こうした直喩は、伝えたいものを身近なものにたとえてわかりやすくする。

●短く　「Got Milk?（ミルクある?）」や「Just Do It（やってみよう）」に勝るコピーがあるだろうか。短いフレーズは憶えやすく、反復しやすい。一般に、よく使われるコミュニケーション手段には、次のような基準がある。

Eメール：6文以内
画像：60秒以内
パワーポイント／キーノート：10スライド以内
ビジネスプラン：20ページ以内

●ポジティブに　「脅し」の戦略はとっつきにくいばかりか、逆効果になることさえある。たとえば、「2500万人が喫煙で自殺している」と警告すれば、2500万もの人が喫煙しているのだったら自分も吸っていいのではないかと思う人もいる。人を怖がらせようとするより、現実的で明るい未来図を描こう。

●敬意を表して 人の知性を軽んじる行動が魅力的であることはまずない。知性を軽んじるとは、たとえば「奇跡的な減量」「永遠に続く美しさ」「たちまち金持ちになる方法」といったことを宣伝するテレビCMなどのことだ。人を見下せば行動してもらえないし、ときには恨まれる。それより、すばらしいものを作り、事実を伝え、みんなに自分で判断してもらうほうがずっといい。

短くなく、シンプルでなく、わかりやすくないメッセージを作ってしまう理由はふたつある。

①検討委員会があって、合議で内容が決まるから。

②素材のすばらしさに熱中しすぎて、現実との接点を見失ってしまうから。

この両方をできるだけ解決しよう。メッセージは、短いほうが多くを伝えられるだけでなく、うまく伝えられることをお忘れなく。

垣根を取り払う

あるとき妻の友人が、パリならここがいいと、あるホテルを推薦してくれたので、私は予約を入れることにした。そのホテルのウェブサイトを見ると、予約料5・6ユーロ（約7ドル）とあ

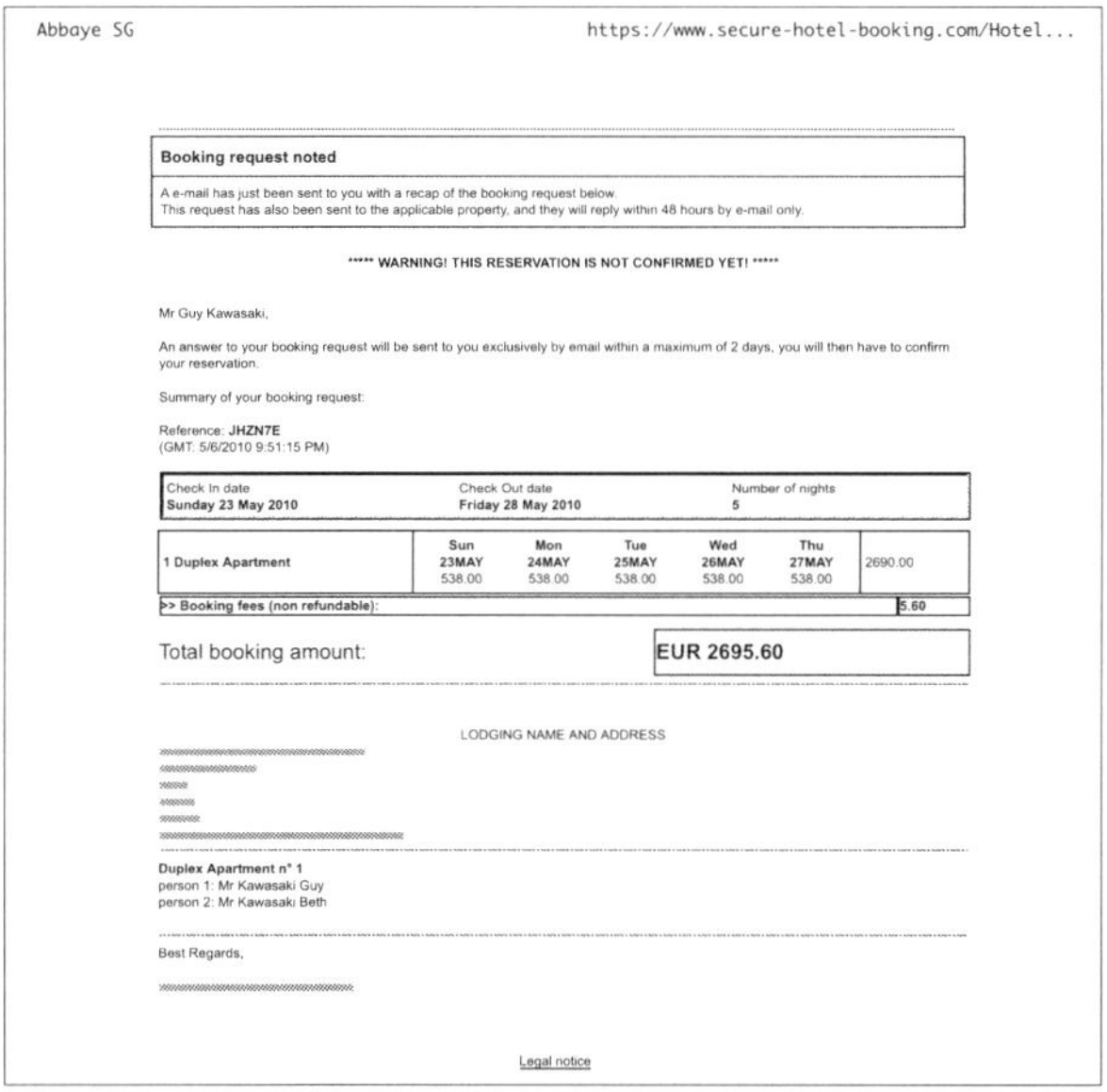

Abbaye SG https://www.secure-hotel-booking.com/Hotel...

Booking request noted

A e-mail has just been sent to you with a recap of the booking request below.
This request has also been sent to the applicable property, and they will reply within 48 hours by e-mail only.

******* WARNING! THIS RESERVATION IS NOT CONFIRMED YET! *******

Mr Guy Kawasaki,

An answer to your booking request will be sent to you exclusively by email within a maximum of 2 days, you will then have to confirm your reservation.

Summary of your booking request:

Reference: **JHZN7E**
(GMT: 5/6/2010 9:51:15 PM)

Check In date	Check Out date	Number of nights
Sunday 23 May 2010	**Friday 28 May 2010**	**5**

	Sun 23MAY	Mon 24MAY	Tue 25MAY	Wed 26MAY	Thu 27MAY	
1 Duplex Apartment	538.00	538.00	538.00	538.00	538.00	2690.00
>> Booking fees (non refundable):						5.60

Total booking amount: **EUR 2695.60**

LODGING NAME AND ADDRESS

[redacted]

Duplex Apartment n° 1
person 1: Mr Kawasaki Guy
person 2: Mr Kawasaki Beth

Best Regards,

[redacted]

Legal notice

予約リクエストの確認
予約料（返金いたしません）5.60／合計予約金額 2695.60 ユーロ

る。おかしいなと思ったが、なんと言ってもパリのホテルである。私は予約手続きを進めた。

　ところが、手続きの途中で、たとえ満室でもその予約料は支払わなければならないことを知った。言い換えれば、３５００ドルのホテルの予約を「試みる」ことに対して、７ドル支払わなければならないのだ。私たちがそこに泊まることは決してない。そのホテルの予約をする「特権」に、わざわざ料金など払いたくないからだ。

　素材を市場投入する準備では、こうした垣根を取り払わなければならない。このホテルの例は金銭的な垣根だが、場合によっては精神的な垣根も存在する。心理学の「認知的流暢性《りゅうちょうせい》」の研究によると、人々は考えにくいものより考えやすいものを好む。たとえば〈ボストン・ドットコム〉の記者ドレイク・ベネットは、この理論の実例を3つあげている。

●社名が発音しやすい会社の株式は、発音しにくい会社の株式より業績がいい。これはニューヨーク大学スターン経営大学院のアダム・オルターの見解である。

●ミシガン大学のノーバート・シュワーツは、読みやすいフォントで印刷されたアンケートのほうが、より正直に答えてもらえることを発見した。

●一般に、韻を踏んでいる意見のほうが、踏んでいない意見より正しいと信じられている。たとえば、「Woes unite foes」と「Woes unite enemies」では、前者に軍配が上がる［訳注：どちらも、苦難は敵同士を結びつけるの意だが、前者は韻を踏んでいる］。テキサス大学のマシュー・マグローンはこれを「韻の理性効果」と呼ぶ。

シャンパンを1本注文するとしよう。あなたは〈クリスタル〉という銘柄は聞いたことがあり、思い出すことができて、発音もできるのではないか。一方、〈ヴーヴ・クリコ・ポンサルダン〉はどうだろう。おそらくクリスタルがここまで有名な理由のひとつは、憶えやすく発音しやすい名称にある——味のいかんにかかわらず。

納得できない？　では、インドの大企業〈タタ〉を考えてみよう。憶えやすく発音しやすいこの社名は、インドの方言の「お祖父さん」から来たことばである。多くの人にとって、「お祖父さん」は、愛情、温かさ、やさしさを連想させる（アメリカでは、タタは「胸」の俗語。その意味でもおもしろい）。

クリスタル、タタ、アンダーアーマー、レゴ、ザ・ボディショップ、ブーツ、ルーツ、ファットタイヤといった憶えやすい名前のブランドは、私たちの心から障害物を取り除く。さらに一歩進めて、憶えやすいと同時に仕事の内容を説明する名前ならなおよい。たとえば、24アワー・フィットネスとか、3デイ・ブラインズ〔訳注：ブラインドの通信販売会社〕とか。

しかし、ノーバート・シュワーツは、憶えにくさにもポジティブな役割があると指摘している。人には、あまりなじみのないものを斬新と考える傾向もあるのだ。名前を聞いたこともなく、発音もできないシャンパンを高級で望ましいと思うかもしれないということだ。

ハーゲンダッツは、そこをうまく利用している。ふたりのポーランド系移民、ルーベンとローズ・マッタス夫妻がブロンクスで始めたこの会社は、現在、カリフォルニア州オークランドが本拠地で、社名もスカンジナビア系の言語からとったわけではない。しかし、どこかヨーロッパ北部のフィヨルドから生まれた、斬新で美味しいブランドといった響きがある。

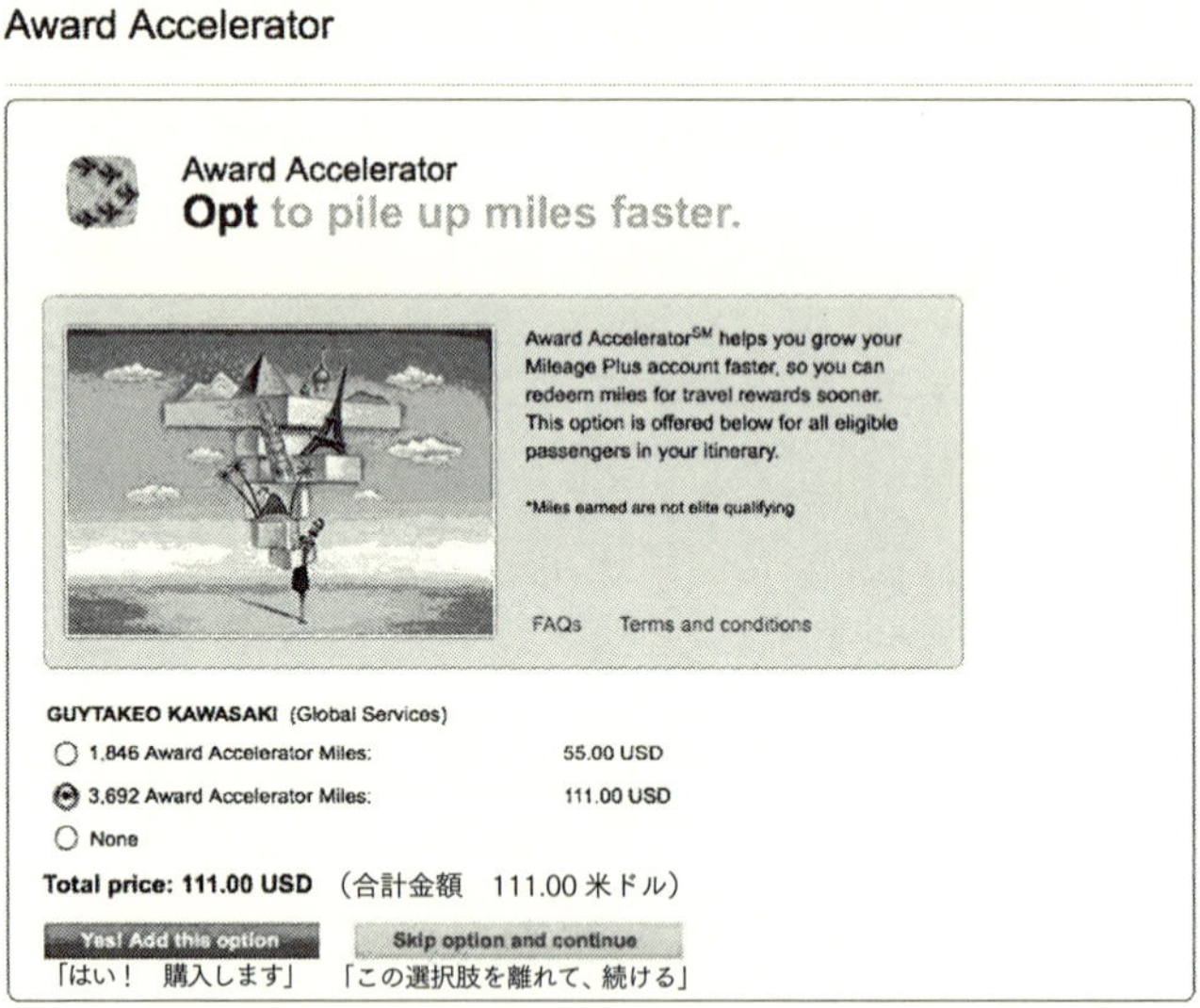

安易にデフォルトを「はい」にするのはやめよう。

つまるところ、ここでの教訓は何か。それは、有名な会社の有名な商品やサービス（たとえばアップルのｉＰｈｏｎｅ）を受け入れさせるのは簡単だということだ。これに対して、有名な商品やサービスとの「ちがい」に気づいてもらいたければ、ハーゲンダッツ、アマゾン、ザッポスといった、ふつうでない名前を使えばいい。

デフォルトという選択肢

垣根を取り除くひとつの方法は、「デフォルト」（標準設定）という選択肢を用意することだ。たとえば、会社が従業員を年金制度に登録するのも、デフォルトの一例である。多くの人はだらしなく、きちんと貯金をしないので、自動的に貯金をさせる仕組みには意義がある。

アメリカ政府は、これを支援するために、一定のガイドラインにしたがう企業を規制上優遇しており、たいていの企業は「オプト・アウト」方式を採用している。従業員は不参加を表明しないかぎり、この制度に自動的に登録され、長年勤務したのち、積み立てたものを年金として受け取る。

その反面、デフォルトは苛立ちの原因にもなる。たとえば、オンラインでユナイテッド航空の予約をすると、ポップアップ画面が開いて、マイレージプログラムのポイントを増やすためにマイルを購入しますかと訊かれる。まず出てくるデフォルトの回答は、「はい！　購入します」。だが、これを選択すると、予約者はおそらく行きたくないところに連れていかれる。私はユナイテッド航空が好きだが（自分でも知らないうちに、ユナイテッドを頻繁に利用しているから、きっとそうなのだ）、こういうデフォルトは、だまされやすい人をだまし、ほかの人をわずらわすことにつながる。いろいろ提案するのはけっこうだが、デフォルトは「はい」にすべきではない。

目標を設定する

「教えて。ここからどっちの道を行けばいいの？」

「それはそもそも、きみがどこへ行きたいかによるね」。猫は言った。

「どこでもかまわないけど――」

「だったらどっちでもかまわないさ」

――『不思議の国のアリス』のアリスとチェシャ猫の会話

私が目標にこだわるのは、マネジメントの権威がよく言う可測性やコミュニケーション、あるいはリーダーシップのためではない。自分の望みを知っていて、それをきちんと説明できる人は魅力的だからだ。

たとえば、〈エツィ〉。ネックレスから赤ちゃんの服まで、手作りのものを売買するこのオンラインコミュニティには、作り手が何十万人、買い手はそれ以上いる。エツィの目標はシンプルだ。もの作りで食べていけるよう応援すること、そして、そのためにも作り手と買い手を結びつけること。目標がはっきりしているから、作り手、買い手、パートナーの誰にとってもビジネスがしやすい。

対照的に、目標がないか、あっても伝えていない組織は信頼しにくい。何を望んでいるかがわからない組織とつき合っていたら、時間の無駄に終わるかもしれない。言うまでもなく、時間の浪費は魅力的ではない。

「目標を設定する」という原則は一見、「人を魅了する」というイメージと相容れない。露骨に自分の目標を述べて、人を魅了することなどできるのだろうか？　この疑問に対する答えはふたつある。

ひとつは、「あなたはすでに人々の好感と信頼を得て、新しく好ましい『あなた2・0』になっている」。

もうひとつは、「目標を述べることで透明性が生まれ、信頼がさらに高まる」。あなたは考えていることをすべて明かした。その内容が気に入らない人もいるかもしれないが、少なくとも内容はわかっている。それが透明性だ。

チェックリストを作る

チェックリストを作れば、目標をさらに体系化することができる。

チェックリストと「魅了」がどう関係するのか？　それを説明するまえに、病院のチェックリストの話をしよう。ことによると、あなたの命を助けることになるかもしれない。

ジョンズ・ホプキンス病院の救急救命医ピーター・プロノボストは、カテーテルによる感染症を防ぐために、医療スタッフ用の簡単なチェックリストを作った。

●石鹸で手を洗う。
●患者の肌をクロルヘキシジン消毒剤で洗浄する。
●患者全体に滅菌ドレープをかける。
●滅菌マスク、帽子、ガウン、手袋を着用する。
●カテーテル留置部に滅菌包帯を巻く。

そして、集中治療室の医師がこのリストにしたがっているかどうかを看護師に確認させたところ、1カ月後、3割を超える患者に対して、医師たちがひとつ以上の項目を守っていないことが判明した。

そこでプロノボストは、病院の管理部を説得して、医師がリストにしたがっていない場合には看護師に注意させる権限を与えてもらった。さらに、カテーテルがまだ必要かを、毎日医師に尋ねてもらうようにもした。

効果は劇的だった。カテーテル関連の感染症が11パーセントからゼロになったのだ。また、15カ月のうちに、このチェックリストと看護師とで43件の感染症と8件の死亡を防ぎ、200万ドルを節約したことも、調査によって明らかになった。

話を戻そう。人を魅了する際、チェックリストは3つの理由で便利だ。

第一に、チェックリストは人に行動をうながす。リストには計画がのっていて、その計画にしたがえば、いちいち何をするか決めないで行動することができる（ただし、「死前解剖」の項で説明したとおり、焦って準備不足のまま前進してしまうのは危険）。

第二に、チェックリストを用意することによって、あなたがみんなの時間を尊重し、要領を心得た、きちんと仕事をする人間であることが伝わる。時間を浪費する要領知らずの人間があふれる世界で、きちんと仕事をする人は魅力的だ。

そして第三に、チェックリストはモチベーションを高める。進捗状況を確かめるたびに、達成感が得られるからだ。この達成感でみんなはいっそう熱心に働くようになる。

スティーブ・マーティンは、著書『影響力の武器　実践編』のなかで、強力なヒントを与えてくれている。ポイントカードを提供する洗車サービスが、「洗車8回で1回無料」という特典を次のように変更したところ、顧客維持率が2倍近く跳ね上がったというのだ。「洗車10回で1回無料。ただし、最初から2回分は無料にします」

チェックリストの最初のいくつかは必ず達成できる項目にして、やる気を起こさせるのが賢いやり方かもしれない。

「魅了された」ストーリー④

マイク・スティーブンズは、ノースダコタ州ファーゴで印刷業者のビジネスを改善するマーケティング・コンサルタントをしている。ここでは、準備不足だった起業時に父親が救いの手を差し伸べてくれたこと、父親とふたりで魅力的なビジネスを築いたことを語ってくれた。マイクが得た教訓は、準備がすべて失敗に終わっても（あるいは、まったく準備しなくても）、家族はつねにそこにいるということだ。

１９８３年に小さな印刷所を買収して数日後、自分が何をしているのかわからなくなった。ビジネスの学位は持っていたが、そんなものはほとんど役に立たないことはすぐに明らかになった。

会社を始めて２日目に、ノースダコタ州ファーゴは大吹雪にみまわれ、あらゆるものが雪に閉ざされてしまった。

数日内に最初の給料を払わなければならないが、現金の蓄えはない。なんとしても日銭を稼ぐ必要があった。請け負った仕事がいくつかあったので、それらをどうにかこなして請求書を出して現金化することはできたが、すぐに機械ひとつ動かせなくなるのは目に見えていた。

新しく自分の会社を持った喜びと興奮は急速に冷めていった。希望が感じられなかった。思いついた方策はたったひとつ——かつて自動車工場で働き、引退してフロリダに住んでいる父に電話をかけることだった。

「父さん、もう途方に暮れてるんだ。何をすればいいのか、どっちの方向に進むべきなのか、まったくわからない」。すると父は言った。「心配するな、2日以内にそっちに行くから」。そして車に乗り、2400キロをほとんどノンストップで運転して、ファーゴにやってきた。

到着すると、父はまず私を抱きしめ、肩に手をまわした（そんなことをしたのは初めてだった）。それからじっと私の目を見て、こう言った。「大丈夫だ、マイク。ひとつずつ問題を片づけて、ふたりで乗りきろう」。決して忘れられないことばだ。

翌朝5時に職場に入ると、父はすでにそこにいた。まわりのものをきれいに整頓し、朝食まで用意してくれていた。私は心配が薄らいでいくのを感じた。

実際、すぐに事態は改善した。父はみんなに好かれた——とりわけお客さんに。父はオフィスの番をすると同時に、生産マネジャー、配達員も兼ね、私に力とアイデアを与えてくれた。実質的にすべての仕事をしているのに、私が評判をひとり占めしていると感じることもあったが、それが父の望みだった。父は私の秘密兵器になってくれた。そして23年間、ファーゴにとどまることになった。

その23年間、私たちはともに働き、ともに笑い、ともに印刷業というものを学んだ。最終的に私の小さな会社は大成功を収め、業界の賞をいくつももらった。けれども、私は愛する父のおかげで成功できたことを忘れたことはない。父は息子が失敗するのを見たくなかった。何が起きようといつもそばにいて、助けてくれた。私は大学で学位を取得したが、ビジネスのやり方を教わったのは、自動車工場の元労働者である父からだった。

父は77歳でようやく名実ともに引退した。そしてその16日後、フロリダに帰る途中で湖畔の別荘に滞在していたときに、なんの予兆もなく、突然息を引き取った。

でも、私は驚かなかった。おそらくそれも父の計画だったのだ。父はようやく生涯の仕事をやり終えたのだ。

5章 市場に投入する方法

抽象絵画などというものはない。最初はかならず何かから始める。そのあと初めて、現実の痕跡をすべて取り去ることができるのだ。

――パブロ・ピカソ

おめでとう！　抜群の素材ができたいま、あなたの次のステップは、トロイのヘレン（千艘の船を出撃させた絶世の美女）のごとく大々的に「市場投入」することだ。いつもの退屈で弱々しい、拍子抜けの宣伝文句ではダメだ。この章では、すばらしいストーリーを語り、人々を夢中にさせて、上々のスタートを切る方法を説明しよう。

ストーリーを語る

もうこれ以上の情報は必要ない。みんなすでに情報に浸かりきっている。人々が欲しいのは「信念」だ。あなたを、あなたの目標や成功を、そしてあなたの語るストーリーを信じたいのだ。

――アネット・シモンズ（『感動を売りなさい』著者）

新商品の発表については、完全に台本が整い、マルチメディアを駆使したＣＥＯのプレゼンテーションから、古いノートパソコンで作られた「ガレージで起業したふたり」まで、あらゆるパターンを見てきたが、たいていのプレゼンテーションは、次のような悲しむべき流れだった。

●おいでいただき、ありがとうございます。
●本日は、特許申請中のめざましく革新的な製品を紹介させていただきます。
●この新製品はいままでよりはるかに安い値段で、あれこれやることができます。そのあいまいな特徴を、理解不能な略語を羅列しつつ、途方もない早口で説明させていただきます。
●これをまもなく市場に投入いたします．最終的な価格はまだ決まっておりません。

魅力ゼロ、逆効果である。こんなプレゼンを聞けば、噂で聞いていたときより興味を失うだろう。

魅力的な商品発表は、説得力のあるストーリーを語って、人々の興味と想像力をかき立てる。型どおりのプレスリリースやデータ提供、一方的な主張、退屈な売り文句などとは無縁だ。

素材をうまく紹介するストーリーを作るには、*Beyond Buzz* の著者ロイス・ケリーが示した次の

4つの筋書きが役立つだろう。

●大きな志　ヒーローは世界をよりよい場所にしたいと願い、よりよい方法があることを知っている。昼も夜も週末も働き、みんながこれほど好きになるとは思ってもみなかったすばらしい道具を作り出す。例としては、より多くの人がコンピュータを使えるようにしたスティーブ・ウォズニアック。

●ダビデとゴリアテ　信じられないほどのリソースを持つゴリアテが巨費を投じて先行した。しかし、若いダビデがどこからか秘密兵器を取り出して、ゴリアテを倒した。常識で考えれば、負け犬であるダビデが成功する見込みなどまったくなかった。例として、大手航空会社を負かしたサウスウェスト航空。

●勇気ある人々　ヒーローは、不正や苦難のためにみじめな生活を強いられても、それを乗り越え、辛抱強く偉業をなしとげる。その業績を知った人々は、「自分にはとてもできない」と言う。例として、第二次世界大戦時にユダヤ人を守ったシンドラー夫妻。

●個人的なストーリー　「叙事詩」はかならずしも必要ではない。「実例」で充分だ。たとえば、「このキャディラックは長持ちします」より、「父はキャディラックに乗っていました。15万マイル走りましたが、その間、何も大きな問題は起きませんでした」といった個人的な話のほうが説得力がある。または、「アンドロイドの携帯電話は優秀です」より、「10代の息子にアンドロイドの携帯電話を買ってやったら、iPhoneより気に入ったと言っています」。

山を動かすのは、事実ではなく信念だ。信念は事実から生まれるのではなく、ストーリーから生まれ、ストーリーに支えられる。「意味のある」ストーリーがあるからこそ、人々はあなたを信じ、あなたが知恵を絞って約束を果たしてくれるという希望を抱く。本物の影響力は、誰かに何かをやらせるだけにとどまらず、あなたがやめたことを、ほかの人々が引き継ぐほど強い。彼らがそうするのは、「信じている」からだ。

——アネット・シモンズ

熱中させる

カリフォルニア州サンディエゴに、軍人の演習用に戦場の「ハイパーリアリスティック」なシミュレーションを提供する、〈ストラテジック・オペレーションズ〉という会社がある。テレビや映画の制作スタジオ〈ステュー・シーガル・プロダクションズ〉の子会社だ。俳優や特殊効果を使って実戦さながらの体験をさせるのだが、そのリアリティたるやすさまじく、自分がサンディエゴにいて、銃は空砲、飛び散る金属片はコルク、怪我はただのメイクであることを忘れてしまうほどだ。

ストラテジック・オペレーションズで働く
“ハイパーリアリスティック俳優”のひとり、エンリク・アルバレスと。

私はこの演習に参加したことがある。そのときの役柄は、「アフガニスタンのパンサー渓谷にあるヘルマンディという村を訪れたアメリカ外交官」だった。私たち一行がその村を見物していると、敵が携行式ロケット弾や車爆弾や銃で攻撃し、案内人があわてて私を安全な場所に連れ出す。「スティーブ・ジョブズは人々の疑念を消して、自分の話を信じさせることができる」などと言っている人は、まだロケット弾で狙われたことも、片脚を吹き飛ばされて叫ぶ兵士の横を逃げたこともないにちがいない。

ストーリーの上をいく次のレベルは、人々をあなたの素材に「熱中させる」ことだ。心をとらえれば、彼らは時間がたつのも忘れ、皮肉や疑いを引っこめ、冷や汗すらかくかもしれない。

ハリウッドふうの特殊効果なしに人々の疑念

を抑えたければ、次のような方法がある。

●疑似体験をさせる　素材の音声、画像、バーチャルリアリティ技術などで疑似体験すれば、みんなわれを忘れる。たとえば、〈ブレンドテック〉〔訳注：ミキサーやフードプロセッサーのメーカー〕の人間がｉＰａｄや電話やカメラを粉々にするのを見たら、あたかもあなたがその機械をミキサーのなかに放りこんで、スイッチを入れたような気がするのではないか？

●現実に近づける　ストラテジック・オペレーションズでわかったのは、細部に配慮することの大切さだ。彼らは村をそっくりそのまま再現していた。見た目も、感触も、においも、現実そのものだった。衣装を着た俳優は、現地語をしゃべっていた。店のウインドウにはラム肉が吊り下がっていた。脚を吹き飛ばされた兵士に扮していたのは、本当に脚のない人だった。あなたも素材を売りこむときには、できるだけ状況を現実に近づけることだ。

●すばらしいデモをする　人を魅了するのに長けた人は、すばらしいデモを見せる。すばらしいデモのコツは、その商品を実際に動かして、かっこいいことができるのを見せること。パワーポイントの箇条書きで特徴や利点を説明するのは、すばらしいデモの対極だ。マーケティングの御託を並べて煙に巻くのではなく、デモで見せ、それを自分でもやっているところを想像してもらおう。

●固定して、ひねる　「固定して、ひねる」というのは、スタンフォード大学経営大学院のチップ・ハースと、デューク大学シニアフェローのダン・ハースが考え出したコンセプトだ。ふたりは『スイッチ！』（早川書房）の著者でもある。「固定して、ひねる」では、まずなじみのあるもので素材を説明し（固定《アンカリング》）、そのあと別の意味を与える（ひねる《ツイスト》）。これは映画のプロデューサーや著作家に好まれるテクニックだ。たとえば、「『ダーティハリー』に似ていますが、設定は２１００年です」とか、「カーネギーの『人を動かす』の現代版です」など。

●過去の体験とはちがうものを提供する　熱中させるためには、何か新奇なもの、スタイリッシュなものが必要だ。核となる考えを変えろと言っているのではない。核となる考えを強化しながら、その新しい表現に熱中してもらうのが理想だ。たとえば、「速く走り、なおかつ環境を破壊しない車がずっと求められていました。電気スポーツカーなら、その両方が手に入ります」

人々を熱中させたいときには、「自分がわれを忘れるものはなんだろう」と考えてみよう。ストラテジック・オペレーションズのようなものとは縁がなければ、アミューズメントパークのよくできた乗り物の体験を思い出すといい。乗っているあいだ、そのことだけに夢中になっていたはずだ。あなたのプレゼンでも、そうなるかどうかが成否の分かれ目だ。むずかしいのはたしかだが、実現不可能ではない。

試してもらう

人々にあなたの素材を支持してもらうために、ストーリーを語り、熱中させたら、次のステップは、実際に試して、みずから確かめてもらうことである。

試してもらうには次の特徴がなければならない。

●**簡単**　試してもらうときは、訓練や指導や経験や時間をあまり必要としないこと。ふと思いついて何かを試そうとする人々の気持ちに訴えたい。

●**即時**　試そうと思った人が、すぐに先に進めること。申込用紙に長々と記入させたり、パスワードや許可を待たせたりしてはならない。

●**安価**　試すのにかかるコストは時間だけというのが理想だ。いくら評価が高いパリのホテルでも、宿泊客になる特権のためだけに料金を支払う人はめったにいない。

●**具体的**　試用が終わったときに、人々の働き方や生活に具体的な変化が起きていなければならない。結果と効果を確認して、その素材の信奉者になれるように。

●**返却可能**　試して気に入らなかったら、決断をくつがえす機会が与えられるべきだ。ザッポスの返品保証（返品も送料無料、説明の必要もなし）を参考にしてほしい。

アマゾンは試用をうながすことが並はずれてうまく、販売する本について3つの試し方を用意している。第一に、「なか見！検索」で買うまえにざっと読める。物理的な本とちがって、ぱらぱらめくって見ることができないフラストレーションが、これで少し解消する。第二に、電子書籍を買うまえに、サンプルページをダウンロードすることができる。第三に、キンドルの電子書籍を買った人は、24時間以内なら説明不要で返品できる。

ポンプに呼び水を

レスター大学のエイドリアン・C・ノースと、デイビッド・J・ハーグリーブズ、それにジェニファー・マッケンドリックの3人は「呼び水」の力を調べる実験をした。場所はイギリスのイースト・ミッドランズ。BGMにフランスまたはドイツの音楽を流し、フランス産とドイツ産のワインを展示販売したのだ。

結果はどうだったか。フランスの音楽がかかっているときには、フランス産のワイン40本と、ドイツ産のワイン8本が売れた。ドイツの音楽がかかっているときには、ドイツ産が22本、フランス産が12本売れた。

買った客には、アンケートをおこなった。自由回答のアンケートだったが、ワインを買うときに外からの影響は何かありましたかという問いに、音楽に影響されたと答えたのはたった１人だった。音楽に影響されましたかと質問しても、「はい」と答えたのは44人の回答者のうちわずか６人だった。

ノースらは、この結果から、音楽には「関連する知識を呼び出し、その知識に合うものを選ばせる」力があると推論した。つまり、その場にふさわしい音楽をかければ（または、ほかの環境を整えれば）魅了するのに役立つかもしれないということだ。もしあなたが店を持っているなら、店内で『ショップ・アラウンド（よく見てまわる）』や『ウォーク・オン・バイ（通りすぎる）』といった曲はかけないほうがよさそうだ。

たくさん種をまく

伝統的なマーケティングは、人々から専門家と見なされる「影響力のある人」に注目する。ジャーナリスト、人気ブロガー、アナリスト、業界通、コンサルタントといった有力者だ。彼らが素材を気に入ってくれれば、無知な大衆も影響されて受け入れるという理屈であり、モーゼが神に会うために山に登ったとき以来のトリクルダウン、トップダウンの理論だ。

しかし、インターネット後の世界では、専門家の意見と同じくらい友人や知り合いの意見が力を持つようになり、これが従来のマーケティングをひっくり返している（マーケティングのこのアプローチについてもっと知りたければ、ダンカン・ワッツに関するファスト・カンパニーの記事を読まれたい。ワッツはこの考え方の基礎を作った社会学者だ）。*

いまでは、大衆が素材を受け入れれば、有力者も注意を払わざるをえない。さもなければ、世間知らずと見なされるおそれがあるからだ。つまり、人々を魅了しようというとき、あなたはもう有力者に気に入られることだけを考えなくてもいい。いまの新しい世界で成功するために心がけるべきことは、次のとおりだ。

●無名の人を受け入れる　無名のブログや映像でも、人気ブロガーや従来のジャーナリストと同じくらいの成功をもたらしてくれる。あなたの素材を理解し、受け入れ、推薦のことばを広めてくれる人には、それが誰であろうと、注目する価値がある。

●コントロールの幻想を捨てる　全知も全能も幻想である。誰があなたの助けになるか、実際に助けてくれるかはわからない。知らない人をコントロールすることもできない。もちろん、マーケティング、ブランディング、ポジショニングには最善を尽くすべきだが、やるべきことをやっ

*クライブ・トンプソン Is the Tipping Point Toast?　ファスト・カンパニー、２００８年1月28日、www.fastcompany.com/magazine/122/is-the-tipping-point-toast.html

たあとは、流れにまかせる。

●たくさん種をまく　いわゆる「種まき」をしよう。それも鉢ではなく、いくつもの畑にまいて花を咲かせよう。ここは数の勝負。まく種が多いほど多くの無名の人に届き、彼らがあなたの素材にとって大切な人物になってくれる確率も高まる。

有力者と無名の人とのあいだには、重要なちがいがひとつある。有力者は影響力の行使に忙しく、商品そのもののヘビーユーザーでないことがよくある。短い期間だけ試して（または、研修生に使わせてみて）、自分の判断を世に告げ、次の輝かしい新商品に移ったりする。

これに対して無名の人は、それほど移り気ではない。それに、日々の仕事でさまざまな商品を使わなければならないので、何が必要で、何がすぐれているか（劣っているか）を理解している。たとえば、かつてマッキントッシュがデスクトップパブリッシング（ＤＴＰ）に向いていると判断したのは無名の人々だった。表計算、データベース、ワープロには向いていないことを見きわめたのも彼らだ。

いまほど品質が重要な時代もない。つまり、あなたの商品は、有力者のおおざっぱな試験に合格するだけでは足りないのだ。そんな時代にあって、無名の人々に到達することがたやすくなり、そのなかの誰が影響力のある人物になってもおかしくない今日の状況は、まさに光明だ。「無名の人こそ、新たな重要人物」と憶えておこう。

どうするか尋ねる

リチャード・セイラーとキャス・サンスティーンは、共著書『実践』（日経ＢＰ社）のなかで、人々の意図を測定しようとすること自体が、彼らの行動に影響を与えてしまうと指摘している。この現象は、専門用語で「単純測定効果」と呼ばれる。

ここからわかるのは、支援してもらえるかどうか、単刀直入に訊いてみたほうがいいということだ。直接尋ねれば、次の３つの収穫が見込める。

- **自分の置かれた状況がわかる**　市場投入の早い時期で、商品とマーケティングを修正するのに役立つかもしれない。
- **人々がためらいの一線を越え、あなたを支持してくれる**　かつて私の上司が言ったように、「尋ねなければ何も得られない」。
- **支持してくれた人は、自分のことばに忠実であろうとする**　これについては7章で詳述する。

ちょっとしたフォローアップが、どっちつかずの人を動かす。だから尋ねるのを怖れてはいけない。真実を伝える格言をひとつ――「ＡＢＣ（つねに契約をめざせ）《オールウェズ・ビー・クロージング》」。

選択肢を減らす

コロンビア大学のシーナ・Ｓ・イエンガーと、スタンフォード大学のマーク・Ｒ・レッパーによれば、選択肢が少ないほうが、人々がものを買う確率は高くなる。

彼らはカリフォルニア州メンロパークの高級スーパーマーケット〈ドレイガーズ〉で、1週目の土曜日は6種類のジャムを、2週目の土曜日には24種類のジャムを並べておいた（ちなみに、ここの店内で目をつぶって野球ボールを投げれば、ベンチャーキャピタリストか投資銀行家に当たって、世界はよりよい場所になる）。

すると、6種類が並んだときには40パーセントの買い物客がその台で足を止め、24種類のときには60パーセントが立ち止まった。選択肢が多いほうが最初の興味は引くようだ。しかし、使用されたクーポンの枚数を見ると、実際に買ったのは、6種類のほうが30パーセント、24種類のほうが3パーセントだった。

実験から現実世界に目を戻そう。スペインの人気スーパーマーケット〈メルカドーナ〉では、多くの商品が2種類しかない。自社が製造しているプライベートブランドの〈アセンダード〉（「地主」の意）と、もっとも人気の高いブランドである。ドレイガーズでの研究結果は、ここで

〈ミヨ〉でトッピングを選ぶ。

も裏づけられているのだ。

選択肢が増えると、それが不満足につながることもある。決めたあとで「やっぱりあっちがよかったかもしれない」と思いがちだからだ。選択肢が増えれば増えるほど、後悔する可能性も増える。判断すべきときに、身動きがとれなくなったりもする。選択肢は少ないほうが、人を魅了するのに役立つかもしれないのだ。

選択肢を増やす

逆に、ドレイガーズの2ブロック先のヨーグルト店〈ミヨ〉では、大きなボウルに15種類のフレーバーヨーグルト(グアバまである)を自由に入れ、69種類のトッピング(チョコレートアーモンド、バナナ、イチゴ、ライチ、果ては餅まで!)をのせることができる。

ボウルが大きいし、トッピングも豊富なので、店の人にはとても頼めないような組み合わせを作ってみたくなる。代金は重さで決まるから、店にとってはたくさん入れてもらうほどいい。

結局のところ、選択肢を多くすべきか少なくすべきかの評決は、ケースバイケースとなる。ジャムはひと壜買うとしばらく使わなければならないから、おそらく慎重に選ぶだろう。そのとき選択肢が多いと決めにくくなる。その点、ボウルに好きなだけ入れるヨーグルトならリスクは少ないから、選択肢が多くても問題にならない。可能であれば両方のテクニックを試して、どちらがうまくいったか私にも教えていただきたい。

着目点をはっきり示す

事実を把握し、そのインパクトを伝えて目立たせるのも効果的だ。たとえば、チーズバーガーのラベルに「合計1500カロリー」とあるより、「これを食べると体重が0・225キロ増えます」とあるほうが、情報として目立つ。同様に、

●車なら、「1リッターあたりの走行距離」より「1年あたりのガソリン代」。
●暖房なら、「サーモスタットの温度設定」より「1カ月あたりの暖房費」。
●iPodなら、「××ギガバイトのストレージ」より「端末に入れられる曲や画像の数」。

●慈善事業なら、「金額」より「その寄付金でひとりの子をどれだけの期間養えるか」。

いずれの場合にも、前者はたんなるデータだ。それに対して後者は、データに意味を与え、たちどころに重要性に気づかせてくれる。

第三者の視点に立って、「この情報は購入を決めるのに役立つだろうか」と自問することが大切だ。魅了したい人には、的確な決断ができる情報を提供しよう。

まず大きく、次に小さく

私は8歳の娘にいつも魅了されている。彼女が得意とする作戦は、まず〈チーキー・モンキー〉という地元のおもちゃ屋に連れていってと頼むこと。この店のオーナーは、かわいいわが子のためならいくらでも財布の紐をゆるめる「ヘリコプター・ペアレント」（子供のまわりを旋回している親）をターゲットとした商品をそろえている。したがって、20ドル以内の出費（ぬいぐるみふたつ分）で店を出ることは「ミッション：インポッシブル」、不可能な作戦である。

そこで、チーキー・モンキーには行かないと私が答えると、娘はすかさず「だったらお菓子屋さんに行って、ひとつ買ってもいい？」と訊く。これにはめったにノーと答えない（おそらく彼女が結婚するまでノーと言わないだろう――ひょっとすると、結婚したあとも。もちろん、孫が生まれたら永遠にノーはない)。

もはや手遅れだが、彼女を寝かしつけるときの話のネタに、ロバート・チャルディーニの本を使うべきではなかったのだ。この本のせいで、娘はいわゆる「対比の原則」をマスターしてしまった。チーキー・モンキーのおもちゃという大きなリクエストのあとでは、お菓子のリクエストが妥当に思える。だから私は拒絶できない……。

この対比の原則には、ほかにも効用がある。まず小さなことに同意してもらえば、将来、もっと大きなことが認められやすくなるのだ。

1966年、ジョナサン・L・フリードマンとスコット・C・フレイザーは、被験者に、「お宅を訪問して使用中の家庭用品のリストを作らせてください」と依頼する実験をおこなった。そのとき同意したのはわずか28パーセントだったが、電話でいくつかアンケートに答えてもらい、3日後にまた連絡して、訪問させてもらえないかと訊くと、今度は53パーセントが同意した。アンケートという小さなリクエストで「足をドアから差し入れる」ことによって、成功率が2倍になったのだ。

私の娘が、ドアから足を入れるテクニックまで学ばないことを祈るばかりだ。

最初のフォロワーを獲得する

2010年、〈CDベイビー〉の創設者デレク・シバーズは、TED（テクノロジー・エンターテインメント、デザイン）カンファレンスで、ある映像を見せた。

まずひとりの人（リーダー）が草地で踊りはじめる。やがて次の人が加わり、最初の人の行動を正当化すると、ほどなく3人目も加わり、まわりの人たちが一気になだれこんで一大ダンスパーティになるという映像だ。

最初のフォロワーが加わり、行動を正当化する。

シバーズは、こういうときに重要なのは「最初のフォロワー」だと指摘する。このフォロワーがリーダーに信用性を与えるからだ。しかも、続くフォロワーは、リーダーではなく最初のフォロワーのまねをする。シバーズのことばを借りれば、「最初のフォロワーがひとりの変人をリーダーに変える」。

この章で論じたテクニックも、そうした最初のフォロワーを引き寄せるためのものと言える。そう、いまやあなたは、「ひとりの変人」の先の段階に行く準備ができたのだ。

「魅了された」ストーリー⑤

マット・マウラーは、サンフランシスコ・ベイエリアの起業家で、元ベンチャーキャピタリスト。ここでは、〈ビブラム〉がどうやってかなり変わったランニングシューズを世に広めたかを話してくれた。

自分は極端に疑り深い消費者だと思う。この10年で、商品に完全に屈服したのはたった一度きり。その商品とは、こともあろうに1足のシューズだった。

ある朝のランニングでのこと。公園内を走っていて終点に近づいたころ、逆方向から来てすれちがったランナーが、およそ想像もつかないシューズをはいていた――もしシューズと呼べれば、だが。それは5本指の靴下とサンダルが合わさったような形で、足首にも達しないほど浅かった。

少しまえに友人と交わした会話を思い出した。ふたりとも、シューズをはいて道路を走るより、裸足で砂の上を走るほうが好きだということで意見が一致したのだ。それでピンときた私は踵《きびす》を返し、そのランナーを追いかけると、肩を叩いて呼び止めた。

驚く相手に謝りながら、私はシューズについて尋ねた。すると彼は興奮して、「裸足の動き」なるものについて説明しはじめた。従来のランニングシューズが、ときに人間の自然な動きをサポートしすぎ、ストライドを変えさせて、怪我の可能性を高めている云々……。

最初は巧みな宣伝文句を真に受けてしゃべっているのだろうと話半分で聞いていたが、そのうちに筋が通っていることがわかり、むしろ自分が知っていると思っていたことを根本的にひっくり返されたように感じた。

だが、興味がわいていざ試してみようとしたところ、これが手に入らない。どうやらこの会社は、戦略的に商品を少しずつ流通させているらしい。おかげで私は、このシューズを見つけたら、かならずその場で買おうと心に決めた。その後、20件ばかり電話をかけたあと、ようやくランニング専門店で1足見つけることができた。なんとオハイオ州で。

いまとなっては、従来のシューズが正しいという直感に反するところが気に入ったのか、それとも品薄だったことから焦りが生まれたのかは定かではない。が、ビブラムを手放せなくなった理由はわかっている。実際に効果があったからだ。どこでも裸足で走っている感覚が得られるだけでなく、しつこく発生していたひざの痛みがすっかりなくなった。

そして私は完全に改宗した。ビブラム・ファイブフィンガーズに、私のランニングを妨げる要素があるとすれば、ちょくちょくほかのランナーに呼び止められて、「いったい何をはいてるの?」とか、「それ、本当にうまく走れるの?」と質問をされることぐらいだ。

6章 変化に対する抵抗を克服する

飛ぶためには抵抗が必要だ。

——マヤ・リン（アメリカの建築家・芸術家）

まずは、いい知らせから。あなたは素材を市場に投入してゲームを開始した。最初のフォロワーまでいる。

次に、悪い知らせだ。人を魅了することは、ひとつの出来事ではなく、プロセスである。したがって、「すぐに成功する」というのは矛盾語法だ。人はなかなか動かない。そればかりか多くの場合、やる価値のあることでさえ動こうとしないものだ。

そこでこの章では、抵抗を克服し、より多くの人を動かす方法を説明しよう。

なぜ、やりたがらないのか

１９８４年、ラスベガスのコンシューマー・エレクトロニクス・ショーに、ファミコンを展示した当時のニンテンドー・オブ・アメリカは、まだ大手ゲームメーカーとは言えなかった。その年末、日本ではファミコンがいちばん売れているゲーム機だったが、アメリカでの商品名〈ニンテンドー・エンターテインメント・システム（ＮＥＳ）〉は失敗していた。できの悪い〈アタリ２６００〉が人々に受けなかったこともあって、当時のアメリカ人は、テレビゲームはビジネスとして終わったと思っていた。

そんな状況でニンテンドーが発売したのが、ＮＥＳの周辺機器ロボティック・オペレーティング・バディ（Ｒ・Ｏ・Ｂ）だった。これは高さ90センチの灰色のロボットで、テレビ画面からの光信号を、左右に回転する頭部でキャッチして動く。連動できるのは、ジャイロとブロックというふたつのゲームだけだったが、ニンテンドーはＲ・Ｏ・Ｂをたんなる付属品以上のものとして扱った。Ｒ・Ｏ・Ｂを使って、ＮＥＳをテレビゲームではなく「おもちゃ」と位置づけたのだ。テレビゲームとの関連性を弱めるために、画面との連動を強調しないテレビＣＭまで流した。

そして、子供たちの心をつかむことに成功した。どの子もこぞって、ニンテンドーのテレビゲームではなく、ロボットを買ってと親にせがんだ。「科学」や「教育」といったことばまで使って、親を説得したかもしれない。あとは知ってのとおりだ。ニンテンドーは小売店や親たちの抵抗を克服し、１年目に１００万台、２年目には３００万台のＮＥＳを売り上げ、大成功を収めた。

人々を魅了するには、なぜ彼らがあなたの素材をあまり支持しないのかを理解しなければならない。ニンテンドーの場合は、アメリカ人がテレビゲームの市場を見限っていたのが原因だった。

ほかにも、抵抗の原因としては次のようなものが考えられる。

●**惰性**　ガイの魅了の法則――人々を魅了する外部の誰かが働きかけないかぎり、止まっている人は止まったまま、動いている人は同じ方向に動きつづける。いまある関係や現状への満足や、怠け癖、忙しさといったものが変化を妨げるのだ。

●**選択肢が減ることへのためらい**　人々は、自由に選択できる能力と幅広い選択肢を好む。少なくとも自分では好むと思っている（選択肢が多すぎて混乱する場合を除く）。しかし、何かを決定すると選択肢が減るから、不安になることがある。

●**まちがいに対する怖れ**　選択しなければまちがうこともないと考える人もいる。一度選択すると、正しいか、まちがっているかの結果が出るが、その結果を突きつけられるのが怖いので選択をためらう。本当は、選択しないこともひとつの選択なのだが……。

●**役割モデルの欠如**　役割モデル、つまり見習うべき行動がない場合、人々は試用をためらいがちだ。だからこそ、草地で踊る人々の映像が物語るように、初期の利用者がとても重要になる。

●**素材が悪い！**　ほかに言いようがない。あなたか、あなたの素材がよくない場合、人々がためらうのも無理はない。事実ではないと願いたいが、じつはよくあることだ。

素材が根本的かつ永久に悪いものでないかぎり、以上の問題はどれも克服できる。変化に抵抗があるのはめずらしいことではなく、むしろ当たりまえなのだ。すぐに成功できることはめったになく、どんな成功でも、裏話を聞けば、そこに至るまでに何カ月もの怖れや不安、混乱、そして誰ひとり協力してくれない時期があったことがわかるだろう。

社会的証明を与える

「社会的証明」とは、ほかの人たちもそれをしていれば大丈夫、正しくて、かっこいい、ことによると最善だという考え方だ。ということは、みんながあなたの素材を受け入れているところを見せれば、見せられた相手も納得して受け入れる可能性がある。社会的証明の力がどのくらい強いかは、次の3つの例ではっきりとわかるだろう。

例① ロバート・チャルディーニが指導する大学院生のひとりが、アリゾナ州の化石の森国立公園で、見学路にふたつの異なる警告の看板を立て、盗難率がどう変わるかを実験した。*

＊ノア・J・ゴールドスタイン、スティーブ・J・マーティン、ロバート・B・チャルディーニ『影響力の武器　実践編』より

ひとつの看板には、「これまで多くの訪問者が公園から珪化木《けいかぼく》を持ち帰り、化石の森のあるべき姿を変えてしまいました」とあり、数人が珪化木を拾う写真が添えられていた。もうひとつのほうには、「公園から珪化木を持ち帰らないでください。化石の森を守るために」とあり、ひとりだけが珪化木を拾う写真がついていた。

看板がまったくないとき、あらかじめ印をつけて見学路に置いてあった珪化木の2・92パーセントが持ち去られたが、数人が木を拾う写真がついていた看板を立てると、持ち去られる木は7・92パーセントになった。つまり、看板によって盗難が増えたのだ。

しかし、ひとりだけが木を拾う写真のついた看板を立てると、持ち去られる木は1・67パーセントに減少した。要するに、ほかの人もやっているなら自分も大丈夫と考えるのに対して、悪いことをしている人の数が少なければ、抑止効果があるということだ。

例② 葬儀に女性たちを雇って嘆いてもらう風習は、世界各地にある。私がブログで尋ねただけでも、パキスタン、イスラエル、ロシア、インド、スペイン、レバノン、中国、ルーマニア、マレーシア、セルビア、ベトナムにあることが確認された。ベトナムにいたっては料金に2段階あるという。涙ありと、涙なしだ。

故人が愛され、いなくなって悲しまれていることの社会的証明となるこうした女性たちは、イソップ童話にも登場する。

あるお金持ちの家に、ふたりの娘がいましたが、あるときひとりが亡くなってしまいました。葬儀に参列した女性たちが声をそろえて泣くのを見て、残ったほうの娘が母親に言いました。「私たち、家族を失ったのにあまり嘆いていないなんて、とっても薄情ね。あの人たちは自分の家族が亡くなったわけでもないのに、あんなに胸を叩いて悲しんでるわ」。すると、母親は答えました。「聞いて驚かないでね、あの人たちはお金をもらって泣いてるの！」

例③ インフォマーシャル業界で働くコピーライター、コリーン・ショットは、「オペレーターが待っています。いますぐお電話ください」という標準的なセリフを、「オペレーターが話し中でしたらおかけ直しください」に変えて、販売を伸ばした。新しいセリフを聞いた人々は、その商品の人気があまりに高く、かかってくる電話にオペレーターが対応しきれないと解釈したのだ。*

社会的証明について学んだあと、私はEメールの返信テンプレートのひとつを変更した。それ

* 『影響力の武器　実践編』より。

までは、メールをもらったら、私のウェブサイト、Alltop.comを訪ねてくださいと返していたのだが、ショットにならって次の1行を加えた――「もしサイトの反応が遅いか、つながらなかったら、またあとでやり直してみてください。トラフィックが集中しているためです」。実際、サイトの拡充に取り組んでいた時期だったが、それをバグでなく、むしろ「ウリ」として見せることは、それまで思いつかなかった。

これでトラフィックがかなり増えたと報告できればいいのだが、同時にほかの要素もいろいろ変えたので、効果のほどはよくわからない。緻密に設計された科学実験と、結果を改善できることはなんでもやりたい現実世界とのちがいは、そこにある。

「どこにでもある」と思ってもらう

社会的証明とは、多くの人が何かをしていれば、それをしてもいい、そうするのが正しいと考えることだ。似たような概念に「利用可能性ヒューリスティック」がある。これは、思い浮かべやすいことほど判断に利用されやすい、というものだ。たとえば、次の死因のペアのうち、それぞれどちらのほうが多いと思うだろう。

●「殺人」と「自殺」

●「サメに噛まれる」と「ハチに刺される」
●「飛行機事故」と「バスタブで転倒」
●「トヨタ車の不慮の加速」と「自殺／ハチに刺される／バスタブで転倒」

正解は、あなたがメディアであまり見聞きしていないほう（後者）だ。自殺、ハチに刺される、バスタブでの転倒で亡くなる人のほうが、殺人、サメ、飛行機事故で亡くなる人よりはるかに多い。トヨタ車の不慮の加速で亡くなった人は、過去10年で数十人かもしれないのに、２００９年から２０１０年にかけてトヨタのあの気の毒なニュース報道を見た人は、桁ちがいの数字を想像したのではないだろうか。

多くの人にとって、自殺、ハチに刺される、バスタブでの転倒で亡くなることは思い浮かべにくい。メディアがめったに取り上げないからだ。ハチに刺されて死ぬブラッド・ピットをアンジェリーナ・ジョリーが腕にかき抱く映画も、まず作られないだろう。

もっとポジティブな例で言えば、イヤフォンのコードを白にすることによって、ｉＰｏｄを聞いている人がすぐにわかるようになった。また、テクノロジー好きのあいだでｉＰｏｄが広まるのは早かった。こうしてｉＰｏｄはどこにでもあるという印象が生まれ、それゆえみんなが持つようになった。この世に「好循環」ほどすばらしいものがあるだろうか。

「身近さは、軽視ではなくコミットメントを育てる」ということだ。

「レアなもの」と思ってもらう

社会的証明も、「どこにでもある」という印象も、うまく機能しないことがある。買う気になる価格（車など）や、手に入りやすさ（美術品など）といった問題があるからだが、それでも欲しいと思ってもらうには、「希少なものの価値は上がる」ことを利用してはどうだろう。

3つ例をあげよう。

例①　グーグルのＧｍａｉｌ（Ｅメールサービス）は当初、誰かの紹介がないとアカウントが得られなかった。加入制限を設けたのは、グーグルの通信帯域やサーバー容量に限界があったから？　私はそうは思わない。制限したことで、人々の意欲はいやが上にも高まり、権利がイーベイで売りに出されるほどになった。

例②　希少性の幻想は、シリコンバレーのベンチャーキャピタルの世界では常識である。ここでは「悪いものに投資する」ことより悪いのはただひとつ、「いいものに投資しない」ことだ。だからこそ、シリコンバレーの法人財務法の権威クレイグ・ジョンソンは、クライアントの若い起業家にアドバイスする――「列車はもうすぐ駅を出る。席はあまり残っていませんよ」と声をかけて投資家を呼びこみなさい、と。

例③　私の友人たちがイギリスで〈XAT〉というウェブサイトを運営している。毎月何千という人がチャットを楽しむそのサイトでは、サービスのカスタマイズに使える「パワー」を売っている。たとえば、「ダイヤモンド」と呼ばれるパワーは、ユーザーがふだん使う丸いニコニコ顔（）を、ダイヤモンド型（）に変えることができる。

XATがあるパワーを売りはじめると、数秒のうちに何千人もが買う。売れ行きが鈍り、XATが販売をやめると、アフター市場でそのパワーの価格が上がる。ダイヤモンドは当初1ドルだったが、1カ月後にはアフター市場で10ドルになっていた。

希少性の幻想（または、幻想ではなく事実）は、満足のまえに立ちはだかる障壁となる。しかし、その障壁を乗り越えたいと思う人がいるために、希少性が話題になり、入手したいという要望が高まる。5章の最後で紹介した、マット・マウラーを思い出してほしい。彼はどれほど熱心にビブラム・ファイブフィンガーズを探したことか。

本当に量がかぎられているのなら、その流通状況を顧客との絆を強めることに活かせばいい。「あなたには特別にこれを提供します」というわけだ。

希少性にはもうひとつすぐれた点がある。それは、Gmailの権利が次々とイーベイで売り出されたように、二次的な市場ができやすいということだ。イーベイの出品リストができること

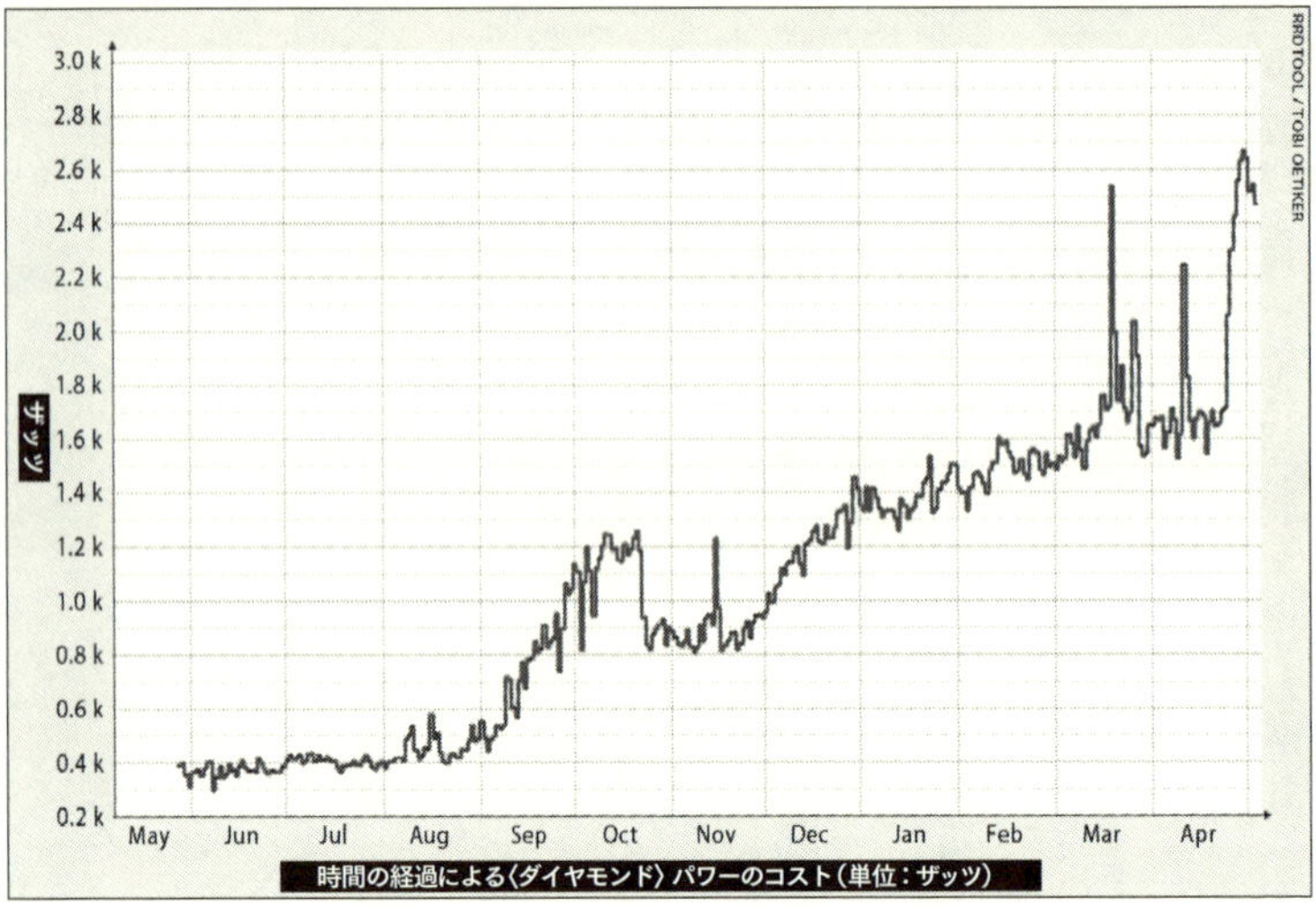

時とともに仮想パワーの値段が上昇

によって、みんながＧｍａｉｌのアカウントを売買していることがわかる。それが魅力増加に役立つのだ。

ここで注意　以上の３つ（社会的証明／普遍性／希少性）のアドバイスは、首尾一貫していないように思われるかもしれない。社会的証明と普遍性を選ぶべきか、希少性を選ぶべきか……。

どちらがいいかは、不確実性と疑いのレベルで決まる。たとえば、人々があなたの素材を不確かで疑わしいと思っているときには、社会的証明と普遍性の手法を使って安心してもらうことが大事。しかし、不確実性や疑いがほとんどないなら、逆に希少性の手法を使って行動を起こしてもらえばいい。

いちばんいいのは、両方を使うことだ。確実

Rob McCullough

〈ノバスコシアン・クリスタル〉で魔法を眺める観光客

で、広く受け入れられたものを提供しながら、希少であることを示せたらすばらしい。

魔法を見せる

アイルランドのダブリンにあるクリスタル製造会社〈ウォーターフォード〉は、1987年に製造を自動化し、職人を1000人レイオフした。その4年後、デニス・ライアンが、技を後世に伝えてほしいと元職人の3人を説得し、1996年、カナダのノバスコシア州に移住させた。ライアンは州都ハリファックスの海岸近くに工場とショールームを開き、社名を〈ノバスコシアン・クリスタル〉とした。

そこでは、暖かい時期には道に面した工場の扉を開け、なかで働く職人を道行く人々に見せている。いま何をやっているのかは、ショールームにいる説明員が拡声器で伝える。ＣＥＯのロッド・マカロックによると、工場を見学した人たちは、「ショールームで80ドルのグラスを買ってくれる」そうだ。

何かの製造であれ、醸造や料理や設計であれ、魔法を実際に目にした人たちは、興味をかき立てられ、商品を買ったり、アイデアを支持したり、いっしょに行動してくれたりする。工場見学や舞台裏を見せるというやり方は、強力な「魅了」のツールになるのだ。

考えてみてほしい。ワイナリー見学に行って、そこのワインがすばらしいと言わなかった人を、あなたは知っているだろうか？

例をひとつ見つける

２００５年11月、オランダ、レーワルデンのフリジアン・エキスポセンターに１羽のスズメがまぎれこんだ。折しも〈ドミノ・デイ２００５〉開幕の数日前、いたずらスズメはいくつかのドミノに触れ、２万３０００個のドミノが倒れた。幸い用心のために構造内に隙間が作られていたので、残る約４００万個のドミノは難を逃れた。

大会を企画したイベント会社は、デューク・ファウナベヒアという会社にスズメの捕獲を依頼した。しかしうまくいかなかったため、社員のひとりが撃ったところ、そのニュースが報道され、ディーレンベシェルミングという動物愛護団体が、ファウナベヒアとイベント会社を相手に訴訟を起こす騒ぎとなった。結局、検察官は保護種を撃ち殺した社員に200ユーロの罰金を科した。

さらに、報道各社とブロガーが騒動に加わった。ルート・デ・ウィルトというラジオのディスクジョッキーは、ドミノをすべて倒せば3000ユーロの懸賞金を出すと言い、ついにはファウナベヒアとニュースを報道した放送局、そしてイベント会社に殺しの脅迫文が届いた。ロッテルダムの自然史博物館では、死んだスズメを7カ月展示した。

ルワンダやダルフールでは、何百万という人が死んでいる。私はこう思わずにはいられない――なぜ私たちは、ひとりの人間（ときには1羽の鳥）を救おうと懸命に努力する一方で、大量殺戮や集団殺人には充分な関心を向けないのだろう。

オレゴン大学のポール・スロビックは、こうした現象を研究して、次のように結論した。大量殺戮の悲劇に関する統計は、「その残虐性の本当の意味を伝えきれていない。数字は感情や気持ちを刺激しないがゆえに、行動を起こすきっかけにならない」。大きな数字は人々を圧倒してしまう。「私ひとりが何かしたところで、問題が大きすぎて……」となるのだ。

つまり、人を魅了するときには、小さいもののほうがよい場合があるということだ。

スロビックは次のように、人々を無関心にするのではなく、行動に向かわせる要素もいくつかあげている。

©Associated Press/ Eddie Adams

●画像を使う　画像はことばより強力だ。数人（ときにはひとりでも）をとらえた写真1枚が強い感情を引き起こし、多くの人に影響を与える。たとえば、ベトナム戦争ではアメリカ兵が5万8193人、東南アジア人が約600万人死んだと言われるが、ニュエン・ニョク・ローン中佐がひとりのベトコン兵を処刑している写真は、まさに戦いの残虐性を象徴している。

驚いたことに、撮影したエディ・アダムズは、これをベトナム戦争の記録写真として使うつもりはなかった。ずっとあとになって、そのときのことをこう記している。「まったく何も考えていなかった。AP通信のオフィスに戻って、カメラをおろし、誰かが別の誰かを撃っている写真が撮れたと思うと言って、昼食に出かけたんだ」。このあと

12章を読むときに、このエディのことばを思い出していただきたい。

●**数を示す**　1994年、銃規制の支持者たちがワシントンDCのリフレクティング・プールのまわりに4万足の靴を並べた。それは毎年、銃で亡くなる人の数を表したものだった。下院が銃規制の立法を検討しているさなか、この大量の靴はアメリカにおける銃の影響を鋭く示すものとなった。

●**ストーリーを語る**　個人の体験を綴った記録、たとえば『アンネの日記』（文藝春秋）やエリ・ヴィーゼルの『夜』（みすず書房）などは、600万人のユダヤ人が殺されたホロコーストの真の衝撃と意味を伝えた。個人的なストーリーは、重要な出来事をリアルに伝え、人々の心を動かす強い力を持つ。

あなたの素材で人を魅了するときにも、こうした要素をうまく使ってみよう。すばらしい例がひとつあれば、それは「たった」ひとつではなく、「もっとも効果的な」ひとつになりうるのだ。

同意する方法を見つける

外交とは、他人を思いどおりに動かす技術である。

——ダニエレ・バーレ（イタリアの外交官、作家）

同意する方法を見つければもっと好意を抱かれ、もっと好意を抱かれれば抵抗を克服しやすくなる。足がかり、出発点、共通の土台が得られたら、そこから関係を築いていける。たとえば、次に示すストーリーのように——。

ストーリー① フランスとドイツは、農業の補助金や貿易規制といった政治面で意見を異にしたが、ヨーロッパを統合する必要性については同意していた。両国は意見のちがいを乗り越えて協力し、欧州連合（ＥＵ）を作った。

ストーリー② 2国の外交官が1週間にわたって交渉しつづけたが、ほとんど進展がなかった。そのとき一方が、妻とオペラ鑑賞に行くのであと2日で帰国しなければならないと言った。そのひと言で、どちらの外交官もオペラが大嫌いだが、妻を喜ばせるためにつき合っていることがわかり、親近感が生まれた。そしてそこから、交渉の雰囲気が一気に変わった。

ストーリー③ 父親と娘はそりが合わなかった。娘とどうつき合えばいいのか、父親にはわからなかった。ある日、父親が１９６８年製マスタングの車輪の軸受を箱に詰めていると、娘が何をしているのと尋ねてきた。そこから会話が始まり、マスタングの整備が互いの仲をつなぐことがわかった。以来、ふたりの関係はよくなった。

これら3つのストーリーの要点は、真剣に探せばきっと同意できる点が見つかるということだ——たとえ「意見が一致しない」という同意であれ。ふつうは何かあるものだ。食べ物、服、フットボールのチーム、地球温暖化、アメリカ大統領になりたがっている新しい道化師、オペラ嫌い……。

すぐにはっきりした同意点が見つかり、あなたの素材の話がどんどん進めば万々歳。だが、世の中そううまくはいかない。そこで、同意点の見つけ方をいくつか紹介しよう。

●個人面から　相手のウェブサイト、フリッカー、ツイッター、ブログを調べれば、同じ趣味が見つかるかもしれない。ホッケー、アウディ、ゴッホ、ラブラドゥードル犬など。あなたにも相手にも子供がいて、互いに子育ての話ができるかもしれない。

●職業面から　リンクトインのようなビジネスネットワーキングのサイトを使って、相手の職歴や共通の知人をもっと探してみる。どちらもP&Gの販売員だったかもしれない。仕事に関連する共通項が何も見つからなければ、むしろおかしいくらいだ。

●反対意見を和らげる　人を魅了するのに長けた人は、反対意見を「ノー」ではなく、「まだ」とか「もっと説明して」と解釈する。たとえば、誰かがあなたの素材を高価すぎると批判したときには、使用期間や保証期間が長い、転売価格が高いといった説明をして、相手の不満を和らげる。

●「もし……なら」と尋ねる　ある人との交渉がまえに進まないとき、「もしこれを変えたら？」と尋ねてみる。何かを変えたら同意できるかと問うことは、抵抗を克服する有力な手だ。たとえば、「A社ではなくB社が提供するなら、iPhoneを買いますか？」（このたとえが早く昔話になりますように）。

●「窓」を移す　「オバートンの窓」という政治学の理論がある。人々が受け入れる政策の幅（これを「窓」と呼ぶ）を「考えられない→急進的→受け入れ可能→理に適う→誰もが認める」と想定し、あなたのアイデアを、受け入れの度合いが低い窓から高い窓に移せば受け入れられやすいという考え方だ。たとえば、銃規制の推進者はあらゆる銃について「考えられない」ほど厳しい規制を提案することで、議会に対してオートマチック銃だけを対象にした「急進的」な規制を認めさせることができるかもしれない。

どんなことであれ、同意点を見つけることができれば、先に進めるし、引きつづき相手を魅了することもできる。

明るい部分を見つける

1990年、ジェリー・スターニンは〈セーブ・ザ・チルドレン〉の一員としてベトナムを訪れ、栄養失調問題に取り組んだ。だが彼はベトナム語がしゃべれず、多くの人が栄養失調の原因と考える不衛生、貧困、知識不足といった問題を調査する予算もなかった。チップ・ハースとダン・ハースの『スイッチ！』によれば、そんな状況にあるスターニンが最初にとった行動は、いろいろな村にいる母親たちに子供の体重を量らせることだった。

その結果、健康な子供もいることがわかった彼は、なぜちがいが生じるのかを調べはじめた。そして明らかになったのは、もともと裕福だったり有力だったりする家庭の子女を除くと、健康な子の母親は、ふつうの米の皿に、エビ、カニ、サツマイモの葉を加えて食べさせているということだった。

この発見を受けて、スターニンは健康な子の母親が栄養失調の子の母親にそれらの食材が入った料理を教える活動を開始した。

この活動が成功したのは、彼がアメリカ流の知恵や「衝撃と畏怖」戦略に頼らなかったおかげだ。現地の人が現地の知恵で隣人たちを助けたことで、6カ月後、調査した村にいる65パーセントの子供の栄養状態が改善した。

スターニンの経験は、抵抗を克服するうえで大切な教訓を与えてくれる。つまり、「わかっている答えを実施すればいい」と考えるのではなく、一度口を閉じ、距離を置いて、すでにうまくいっている「明るい部分」を見つけるのだ。めざすべきことは、あなたのやり方を押しつけるのではなく、変化をうながすことだ。

スターニンの経験はまた、アップルでの私の経験とも符合する。1984年、私たちはすべてわかった気になっていた──マッキントッシュは表計算、データベース、ワープロ用のマシンだと。それはまちがっていた。マッキントッシュを救った明るい部分は、DTPだった。作り手中心の知恵や洞察ではなく、顧客がアップルに市場を示してくれた。顧客の現場の知恵がものを言ったのだ。

ラベルを貼る

こみ入った議論を簡単にまとめてみると、逸脱した動機が逸脱行為につながるというのは逆だ。逸脱した行為がやがて逸脱した動機づけにつながるのだ。
──ハワード・S・ベッカー(アメリカの社会学者)

人はみずからに貼られたラベルの預言にしたがおうとする──これが「ラベリング」の考え方だ。

1975年、リチャード・L・ミラー、フィリップ・ブリックマン、ダイアナ・ボーレンの3

人は、学校の生徒を3つのグループに分け、それぞれの教師が異なるフィードバックを与えるようにした。

●承認：あなたはこの題材にくわしい。しかもよくがんばっている。このまま続けよう。
●説得：もっと努力すべきだ。もっとできるはずだ。
●強化：あなたの仕事を誇りに思う。進歩しているようでうれしい。最高の結果が出ている。

このうち、もっとも成績が悪かったのは「説得」のグループだった。いちばん「説得」されなかったというわけだ。二番目は「強化」のグループ、そして成績がいちばんよかったのは、知識もあってがんばっていると認定された「承認」グループの子供たちだった。

カナダのビール醸造会社〈モルソン〉は、「私はカナダ人」と呼ばれる一連のテレビCMを、ひとつの「ラベル」で統一した。格子縞のシャツにジーンズというでたちの若者が舞台に立ち、カナダに住むことのすばらしさを讃えたのだ。ホッケー、ビーバー、ニット帽……もうおわかりだろう。そのCMは、「ぼくはジョー、カナダ人です」で締めくくられた。

素材を補完するようなラベルをつければ、魅力を感じてもらいやすくなることがある。たとえば、「カナダ人」というラベルを貼られた人がモルソンの広告を見ると、このビールを飲まなけ

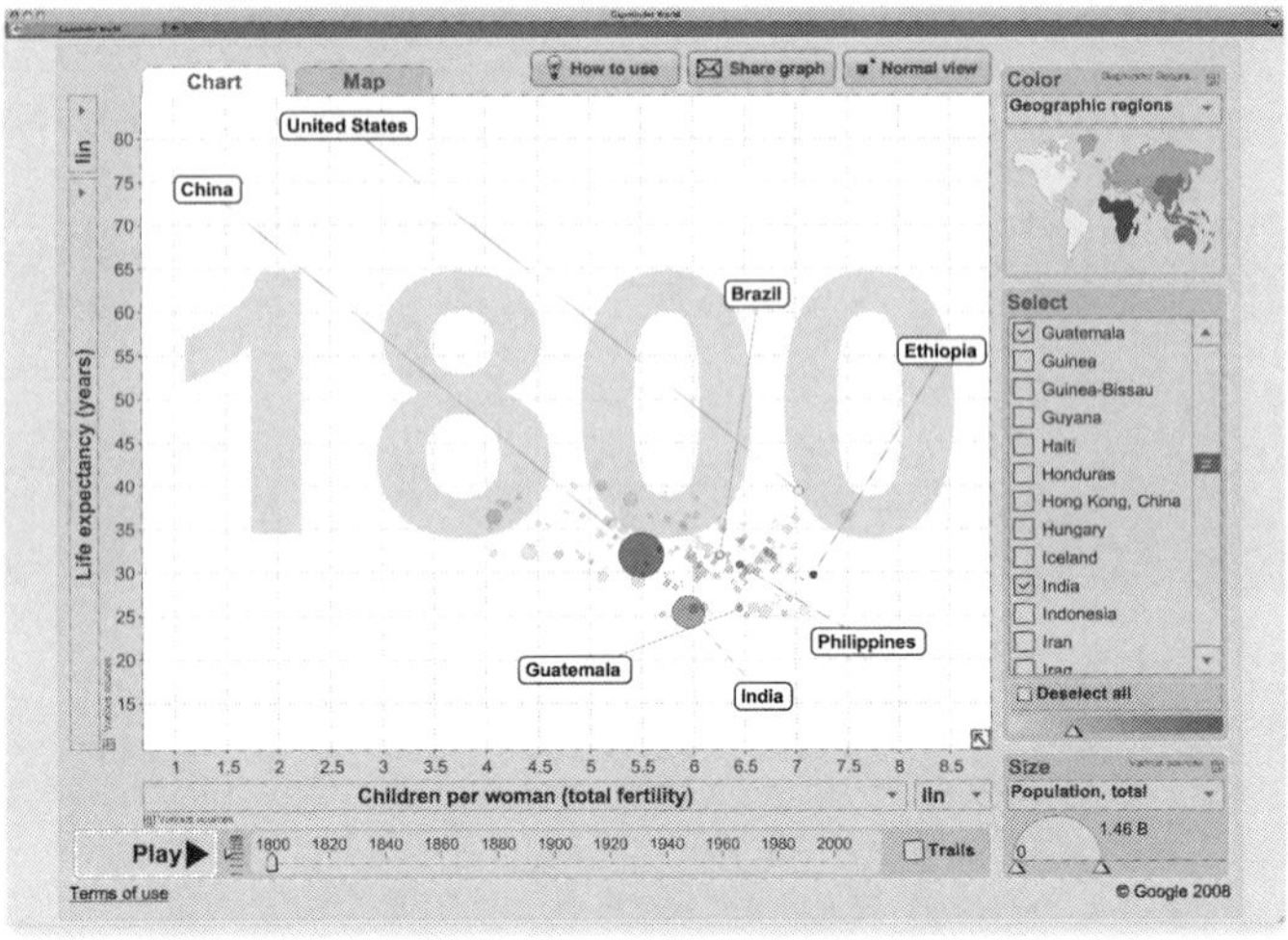

ればという気になるだろう。

データを使って考え方を変える

社会活動家で学者のハンス・ロスリングは、プレゼンテーションにおけるスウェーデン版スティーブ・ジョブズだ。彼はカロリンスカ研究所国際保険部門の教授で、ギャップマインダー財団の理事も務める。

ギャップマインダー財団では、統計をドラマティックでインタラクティブなグラフに変えるソフトウエアとウェブサイト、〈トレンダライザー〉を作っている。トレンダライザーは、データを使って人々の考え方を変えることに力を発揮する（彼のＴＥＤでのプレゼンテーションを見てみるといい。オンラインで「ハンス・ロスリング（Hans Rosling)」と検索すれば出てくる)。

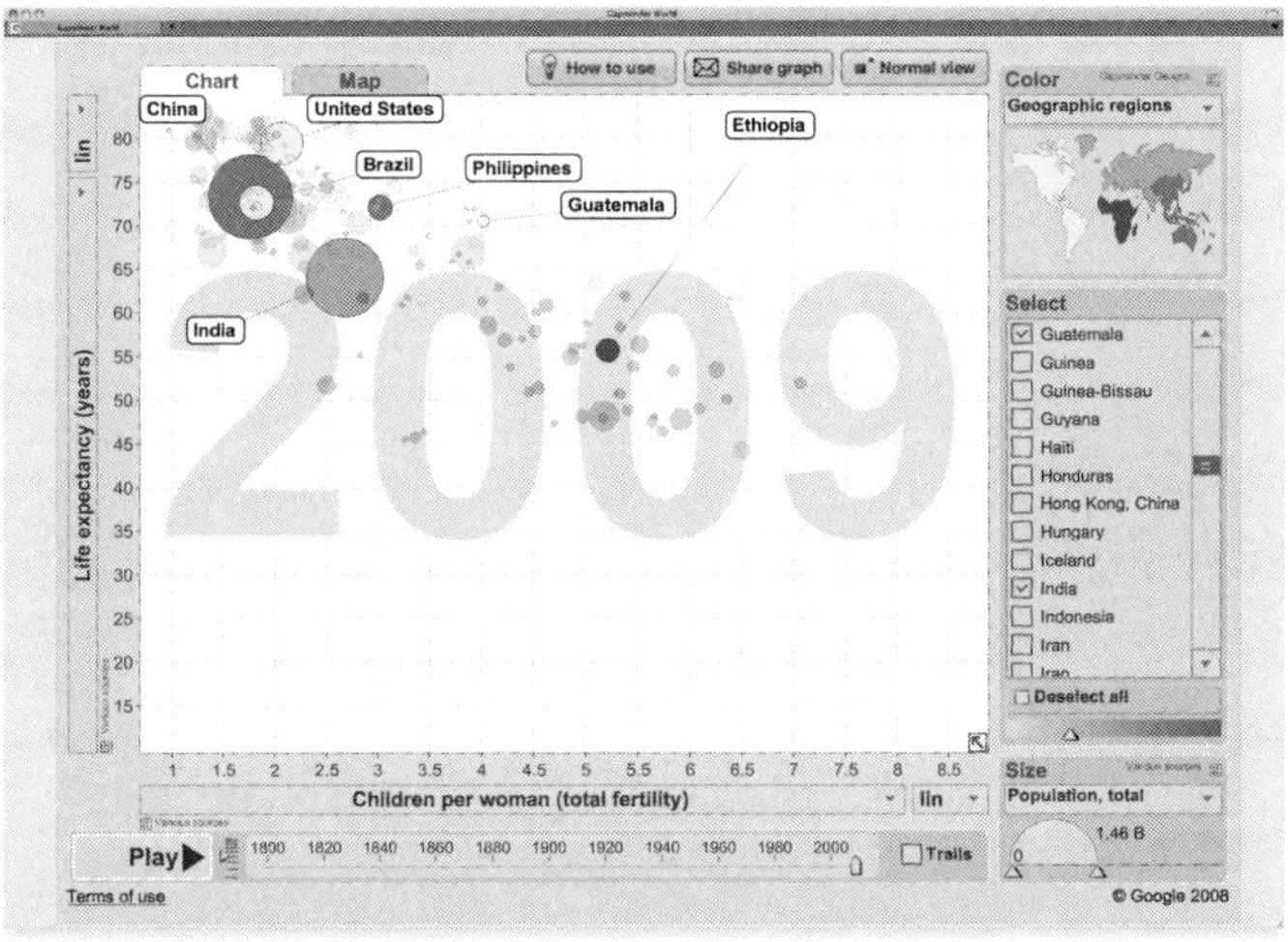

ロスリングの仕事の応用例を紹介しよう。西欧諸国では、西欧人は小家族で長生きし、発展途上国の人々は大家族で短命だと思っている。しかし、1800年には、大半の国の女性が何人も子供を産んでいた。それが前ページのグラフだ。横軸が女性ひとりあたりの子供の数、縦軸が平均寿命を表している。1800年には、アメリカの女性のほうが中国やインドの女性より子供をたくさん産んでいたことに注目してほしい。

ロスリングのこのソフトウェアは、1800年から2009年までに起きた変化を追う。上のグラフのとおり、たいていの国では女性ひとりあたりの子供の数が減り、寿命が長くなっている。それなのに、いまだに多くの人が、発展途上国の女性には子供が多く、自分たちよりはるかに短命だと思っているのだ。

データを使う例をもうひとつ。２００３年、ダラス美術館は創立１００周年の記念として、「１００時間連続開館」という催しをおこなった。すると驚いたことに、入館者のピークが午前１時から午前３時というデータ結果が出た。スタッフはこれを受けて開館時間を再考し、月に一度、金曜日に夜中まで開館する「ダラス美術館レイトナイト」を始めた。

ロスリングとダラス美術館の例は、データがいかに強力に人々の考え方を変えるかを示している。あなたも事実の裏づけがあるときには積極的にデータを活用すべきだ。

借りを作る

ベンジャミン・フランクリンの自伝のなかに、助けを求めることで人を引き寄せるという、ちょっと意外な話がある。

フランクリンが名誉と高給をともなう官職に指名されたとき、州議会の新人議員が反対を唱えた。そこでフランクリンは相手をどう攻略したか。彼は次のように説明している。

しかし、私はこびへつらって彼から好意を得ようとは思わなかった。その代わりに、しばらくして別の方法をとった。彼が自分の書斎に非常に興味深い稀覯本《きこうぼん》を持っていると聞いたので、ぜひそれを見せてもらいたい、何日か貸していただけるとたいへんありがたいのだが、と手紙を書いたのだ。

彼はすぐにその本を送ってくれた。私は1週間ほど借りたあと、ご厚意に心から感謝するという手紙を添えて返却した。議会で次に顔を合わせたとき、彼は私に話しかけてきた（そんなことは初めてだった）。しかも、きわめて礼儀正しく。それからはずっと、あらゆる場面で進んで私のためになることをしてくれた。私たちは親友になり、友情は彼が亡くなるまで続いた。*


フランクリンによれば、これは昔の格言の正しさを示すものだ――「一度親切にしてくれた人は、あなた自身が親切にした相手より、くり返し親切にしてくれる」。

これにはふたつの根拠がある。

第一に、一度助けてくれた人が二度三度と助けてくれることが多いのは、もし拒むと、そもそも助けようと思った最初の判断がまちがっていたことになるからだ。初回の結果が悪くなかった場合には、続けて助けないと自分の判断ミスを認めることになる。

第二に、以前のやりとりが両者の関係をよくしている。それによって、また助けることが自然

*ベンジャミン・フランクリン『フランクリン自伝』（岩波書店）。

な行為になっている。もちろん、あなたは返礼すべきだ。そうして好循環が生まれ、互いに魅了し合う絆が続く。

人は助けや好意を求めてくる相手をうとましく思う、という考えはまちがっている。ベンジャミン・フランクリンを論破しようなどと思う人はよもやいないだろう。

影響力のある人をすべて魅了する

私の友人ロブ・ハルジーが沿岸警備隊士官学校に入学することになったとき、軍服で正装した大佐がわざわざハイスクールに合格通知を届けにきた。士官学校は、ロブの進学決定の裏に同級生や教師の働きかけがあったことを理解していたのだ。

誰かを魅了しようとする人の多くは、ターゲットを狭くとらえ、自分の素材を受け入れてくれる人たちだけを見ている。だが、それでは成功はおぼつかない。人は自分ひとりでものごとを決定するわけではないからだ。

ためしに、あなたの決定に影響を与えそうな人物をあげてみよう。

- 親
- 祖父母

- 隣人
- 牧師
- 教師
- コーチ
- 配偶者か、ほかの大切な人
- 友人（オフライン）
- 同僚
- フェイスブックの友人やツイッターのフォロワー

次のように仮定してほしい。あなたは、シリコンバレーではない世界のどこかの新興企業のCEOだ。そしていま、スタンフォード大学工学部の博士課程にいる優秀な学生を魅了して中退させ、「次のグーグル」となる自分の会社で働いてもらおうとしている（さらに事態をむずかしくするために、彼女はがんばり屋のアジア系アメリカ人であるとしよう）。

残念ながら、彼女の祖父母は博士課程をきちんと修了すべきだと思っている。博士になれば「立派な企業にいつでも就職できるのだから」と言う。両親もすでに払った授業料を無駄にしたくないし、娘がスタンフォードの博士号を取得したと友人たちに自慢したい。彼女のボーイフレンドも、いますぐ就職することには反対だ。彼女が仕事にばかり時間をとられることになりそうだから（そんな考えのボーイフレンドとは別れなさい、とアドバイスしたいが、これは脱線）。

では、影響力のある人をすべて魅了するにはどうすればいいか。その方法を次ページに表で示してみた。

さらに、影響力のある人をすべて魅了する例を、あとふたつあげよう。

まずは、アラバマ州アレクサンダーシティの近くで開かれる、フロリダ大学アラバマ・ジュニア・キャンプのローダ・デイビスから聞いた話だ。デイビスが重視するのは子供たちではないという。子供は楽しむことだけを考えているが、父親はキャンプの費用と、子供が無事帰ってくるかどうかを気にかけ、母親は何より活動中の安全を願う。デイビスがもっとも重視するのは母親だ。だから、キャンプのパンフレットとウェブサイトに掲載される写真には、カウンセラーが何人か写っている。

ふたつ目は、アメリカ海軍の話。海軍では、若者の新規採用がはかどらなかった。母親がわが子の入隊に反対していたからだ。そこで広告会社のキャンベル・エワルドに依頼して、〈ネイビー・フォー・マムズ（母親のための海軍）〉というウェブサイトを作った。子供が海軍に入っている母親と、海軍での生活について質問する母親のために作られたこのサイトには、1年とたたないうちに2万7000人の会員、10万点の写真、750の動画、6000のトピックが集まっ

影響力のある人	心配事	回答
祖父母	その会社は大丈夫？	「わが社には1000万ドルのベンチャー投資がおこなわれていますし、取締役会には、グーグルに資金提供したメンバーも含まれています」
両親	中退すると学費が無駄になるうえ、名誉ある博士号も得られない。	「実社会で経験を積めば、彼女が受けた教育はいっそう価値のある、現実的なものになります。大企業は、新興企業で働いてイノベーションを理解した人が大好きです。今回の経験をすれば、彼女は大学で教鞭をとれるかもしれない。最悪、スタンフォードに教授職をひとつ増やすぐらいの寄付ができますし、うまくいけば、建物をひとつ寄贈することだってできるでしょう」
ボーイフレンド	仕事がきつすぎるのでは？	「新興企業の仕事は短距離走ではなく、マラソンだと思います。わが社で働く人にはバランスのとれた生活を送ってもらいたい」。これでうまくいかないなら、「海にはほかにも魚がたくさんいるよ」

た。

データによると、わが子を海軍に送ることをためらっていた母親たちは、ウェブサイトを使いはじめて平均8日目で心を変えた。やがて彼女たちは、ひとりあたり平均4・2枚の写真を投稿し、16のトピックに答え、11の動画を見、4人の知り合いの母親をこのサイトに招待した。心変わりの最大の理由は、わが子を誇りに思いたいということだった。

当人だけを魅了すればいいという考えは甘い。影響力を持つ人全員に働きかけなければならないのだ。人を魅了できる人は、相手にとって影響力のある人をさまざまなかたちで引き入れて、自分の仕事を楽にする。結局、ひとつの村をまるごと魅了しなければならないかもしれないが、それができたあかつきには、村全体があなたを支援してくれるだろう。魅了するプロセスは、マンツーマンとはかぎらない。集団的な経験になることもよくあるのだ。

競争相手を窮地に立たせる

あなたが価値のあることをしているなら、きっと競争相手が現れる。むしろ競争相手が出てこなければ、価値のあることをしているのだろうかと自問したほうがいい。

競争に対応する方法はいくつかある。究極は攻撃すること。だが、これは非生産的、非効率的で、きわめて愚かな方法である。

その対極は、競争相手を無視すること。これは、無視するふりをしつつしっかり観察していればうまくいくかもしれないが、最善の方法ではない。

いちばんいいのは、競争相手を3段階で扱うことだ。

まず、競争相手を「知る」。相手について書かれていることを読み、相手の商品を試し、彼らの顧客と話し、業界イベントに参加する。インターネットのおかげで、これらはかつてないほど容易になった。

次に、競争相手を「分析する」。もっともうまい分析方法は、商品やサービスの特徴と能力について、3つのリストを作ることだ。

●どちらもできること
●こちらができて、あちらができないこと
●こちらができず、あちらができること

このリストのいいところは、競争相手があなたよりすぐれている分野に嫌でも気づくことだ。競争相手のほうがすぐれている分野が見つからないとしたら、まだ充分調べていないか、あなたの頭が悪いかだ。

最後に、競争相手を窮地に立たせる。いつまでも人の記憶に残る「ほめ殺し」のことばを送って、できるだけ多くのライバルを追いつめるのだ。

たとえば、スティーブ・ジョブズは2010年にグーグルを窮地に立たせた。「グーグルのアンドロイドOSに比べて、アップルはiPhone上で動くアプリケーションをコントロールしすぎている」という非難が生じたとき、彼はこう言った。「ポルノを見たい人はアンドロイド携帯を買えばいい」

つまり、アンドロイドの携帯電話はポルノを見るデバイスと印象づけて、競争相手を追いこんだのだ。対するアップルのｉＰｈｏｎｅは、まじめな人が使う、クリーンでコントロールされたデバイスだと思わせた。

触覚を利用する

「触覚《ハプティック》の」という単語は、ギリシャ語の「私は縛りつける」または「私は触る」から来ている。少々不思議な感じもするが、ジョシュア・Ｍ・アッカーマン（マサチューセッツ工科大学）、クリストファー・Ｃ・ノセラ（ハーバード大学）、ジョン・Ａ・バージ（エール大学）の研究によると、触覚は人々の判断や決定に影響を与えるという。

たとえば、重いクリップボードを使うと、重要で真剣な仕事をしているという印象が生まれる。表面がざらざらしたジグソーパズルを扱ったあとでは、社交的な態度をとりにくくなる。また、硬い椅子に坐った人は、厳格、冷静で、感情をあまり表さず、柔軟でない態度をとる。

この理論では、単純な触覚がより高次の感情や判断に影響を与えるという。柔らかい椅子に坐った人は交渉で柔軟な態度をとる、というふうに。もしこれが事実なら、人を魅了したいときには、重いクリップボードと、表面がなめらかなものを手渡し、柔らかい椅子に坐ってもらうべきだ。

やってみる価値はありそうだ。

チャーリーの意志と情熱を忘れない

2010年6月3日、カリフォルニア州ロスガトスに住むチャーリー・ウェドマイヤーは、ルー・ゲーリック病（筋萎縮性側索硬化症。筋萎縮と筋力の低下を伴う神経系の難病）で亡くなった。

ハイスクールの教師で、フットボールのコーチだった彼が医師から病名を告げられたのは、1978年のこと。しかし、その後も8年間コーチを続けた。最後は車椅子に坐り、妻のルーシーが彼の唇と目と眉の動きを読んで、チームに意志を伝えた。

残りの人生のほとんどで、チャーリーは常時ケアを必要とした。人工呼吸器につないだ気管カニューレを通して呼吸し、胃管を通して栄養を摂取した。大半の患者が2年で病に屈すると言われるなか、チャーリーはこの治療マラソンで32年を生ききった。

コーチを辞めたあとも世界各地に顔を出し、本を書き、何百という若いアスリートに希望を与えた。ハリウッドは彼とルーシーの映画を2本作った。チャーリーは、私が知るなかでもっとも感動を与えてくれる人物だ。2番目はルーシーである。

チャーリーがほとんど筋肉を動かすことができなくなってからも、ふたりは情熱と精神力で人々を動かした。何千もの若者を指導し、力づけ、魅了した。
抵抗が強く、みんなの心や行動を変えることが不可能に思えたら、チャーリーを思い出そう。その人生はあなたに勇気を与えてくれるはずだ。

「魅了された」ストーリー⑥

リチャード・ファワルは、テキサス州オースティンに本社を置く〈ウォッチパーティ〉のCEO。以下は、付箋を計画ツールとして使うことへの抵抗を克服したときの話だ。

１９８０年代に政治運動を手伝ったとき、私は支持者の状況を管理するために、連絡情報、投票区、ボランティアに関する希望をインデックスカードにまとめていた。でも一度に一種類の分類しかできないので、分類し直すたびに何時間もかかり、貴重なボランティアの全体像をつかめないでいた。
そんなある夜、仲間のひとりがさまざまな色の付箋を持ってきた。「そんなもの、どうするんだ」と言うと、彼女はくわしくは説明しなかったものの、私たちの問題をすべて解決してみせると言った。こんな小さな色つき紙がどんな役に立つのか、私にはどうしてもわからなかった。ところが翌朝、目にしたものに驚いた。

壁に台帳サイズの紙が何十枚も並んでいたのだ。それぞれの紙には投票区の番号が書きこまれ、支持者の名前と連絡情報が入った付箋がたくさん貼られていた。そしてその付箋は、希望するボランティアごとに色分けされていた。

使ったのはただの付箋。なのに、必要な有権者の名前、選挙区、希望がたちどころにわかるシステムができあがっていた。それは、自分たちの陣営が強い地域、弱い地域、受け入れられやすい作業、人気のない作業などが一目でわかる、すばらしいマップだった。私はこのおかげで、あらゆるものを見る目が変わった。

コンピュータが付箋に取って代わる数年後まで、私は彼女のこのシステムを使いつづけた。付箋に魅了されたこの体験を人に語ることも多い。解決すべき問題が出てくるたびに、教訓として思い出している。

7章 いつまでも魅了する秘訣

フロリダ州エバーグレーズ国立公園のすぐ南にある釣り船の埠頭《ふとう》で、ティリーハットを買ったとき、たかが帽子でこの値段は高いなと思った。その帽子が、乗っていた船より、はいていた靴より、そしていま思えば、当時の結婚相手より長持ちするとは夢にも思っていなかった。釣りに最適で、暑い太陽にも冷たい雨にも耐え、家に帰ったときには、そのへんにずっと放っておきっぱなしでいっこうに差し支えない。そう、私はティリーが頼りになる帽子であることを学んだのだ。

――デイビッド・ハルコーム（ティリーハットの内側のラベルより）

「魅了」の目標は、長続きする変化である。一度きりの販売や、やりとりではない。言い換えれば、時の経過に耐え、さらには発展していく魅了が望ましい。人の心、精神、行動を変えれば自然とそうなる。この章では、人々にあなたの価値を取り入れてもらい、魅了を長続きさせる方法を説明しよう。

内面化をめざす

1935年のこと、ロイド・アンダーソンは、気に入ったアイスアックスを手頃な価格で買うことができなかった。最終的にはオーストリアのスポートハウス・ペーターロングという店から買ったのだが、この経験をきっかけに、登山仲間がヨーロッパから器具を買うのを手伝いはじめた。そして1938年、買い入れを本格化させるために、21人の仲間と1ドルずつ出し合って〈レクリエーショナル・イクイップメント・コオペラティブ〉という会社を設立した。

それが今日の〈REI〉だ。いまでは100を超える店舗で、370万人の顧客が買い物をしている。人々がREIに行くのは、器具を買うためだけではない。アドバイスを求めたり、アウトドアを愛するほかの人と交流したり、ハイキングや自転車やスキーや登山を楽しめる場所を思い描いたりするためだ。REIはアウトドア文化を作り上げ、顧客はREIの価値を自分の内面に取りこんでいる。

一般に、人々が何らかの価値を取りこむプロセスには、3つの段階がある――順応、同一化、内面化だ。

●順応　仲間からのプレッシャーや強制や策略、または集団に属したいという願望などによって、あるものを受け入れた段階。これは「魅了」ではないから、次の同一化や内面化の段階に進まないかぎり長続きしない。

●**同一化**　集団のメンバーとしての意識が生まれると、共通する趣味や関心が見えてくる。もはや強制ではない。この段階で重要なのは、人々を魅了する人の存在や、ほかのメンバーの魅力だ。人は魅了された人には認められたいと思うものだからだ。

●**内面化**　最終段階。同一化からさらに進んで、信念になる。この信念は自分の感情とも一致し、強制もない。ほかの誰かを喜ばせようともしていない。これこそが魅了だ。

内面化まで達するのはきわめてむずかしいが、これがいちばん人を魅了しつづける。たとえば、私はマッキントッシュを内面化している。誰かに強制されて好きになったわけではない（コンピュータを使ってきた27年間で、一度だけウィンドウズのマシンを買ったことがあるが、とうの昔に慈善団体に寄付した）。たんにほかのマックユーザーと同一化して、マッキントッシュを使っているのでもない。

私は、マッキントッシュは最高のコンピュータだと信じている。その信念ゆえに、わざわざ列に並び、割引なしの小売価格で買っているのだ――アップルの顧客がみなそうしているように。

信者を分離する

マッキントッシュを裏で動かしているのは、日々仕事をしている社員だ。僕の仕事は、彼らが働くスペースを作り、社内のほかの部門と切り離して寄せつけないことだ。

——スティーブ・ジョブズ（元アップル社CEO）

「多数の無知」とは、多くの人が、ほかの人たちも同意していると仮定して何かにしたがうことをいう。そして多数の無知は「集団的保守主義」や、変化を望まない傾向へとつながる。まさに悪循環だ！

新しいアイデアを生み出す「発散的思考」を養うためには、信者を信者でない人から分離することが必要になる。新しいアイデアのほとんどは、組織の主流では生き延びることができない。だから会社は、新しい商品やサービスのために独立したビジネスユニットを作るのだ。

1980年代のアップルでの体験を振り返ってみても、マッキントッシュが成功したのは、スティーブ・ジョブズ率いる部門が別のビルにあったからだ。もし、アップルIIに注力していた会社の中央部にあったら、成功はおろか、生まれてすらいなかっただろう。

ここから、信者と「本部」の最適の距離は半マイル（800メートル）という私の理論が出てくる。会社の経営陣が訪問するには遠いが、お金などを分捕るには近い距離だ。これを3つの単語で言えば、「ロケーション、ロケーション、ロケーション」となる。

実行は下から

古来、武力衝突を解決するには、双方の政治的、軍事的リーダーが集まって話し合うべし、と考えられてきた。その前提になっているのは、リーダーが自陣の多数を代表していて、解決策を受け入れるように彼らを説得できるということだった。

しかし、平和を推進する慈善団体〈コンシリエーション・リソーシーズ〉のシーリア・マキーオンは、これに異論を唱える。彼女は、もっとも効果的に信頼と理解を生み出し、現場での衝突を特定して解決に近づけ、交渉に先立って両陣営の中間層が問題解決に向かえるような、安全で非公式なスペースを作り出すのは、コミュニティの草の根のメンバーだと主張する。

言い換えれば、平和は社会のトップからではなく、中下層から始まるということだ。ペルーとエクアドルの国境紛争でも、1998年の長期的な和解に力を発揮したのは、民間のリーダーたちだった。「エクアドルとペルー——民主的、協力的な解決運動に向けて」というメリーランド大学の研究会から和解が始まったのだ。

研究会が最初に開かれたのは1997年。そのときエクアドルとペルーの20名の民間メンバーが〈グループ・メリーランド〉を結成し、武力衝突の解決のために共通の土台を見つけることにした。メンバーは、職業、性別、年齢、場所などが共通する学者、ビジネスパーソン、教育者、ジャーナリスト、環境保護論者らで構成されていた。

グループ・メリーランドは、人々を長く魅了しつづけるにはトップのリーダーだけに注目していてはいけない、ということを教えてくれる。リーダーの関心事には、権力や金やセルフイメージが含まれる。それらは民衆の希望を反映していないだけでなく、公益をおろそかにしかねないものだ。

要するに、組織の中下層も重視しなければならない。本物の仕事をするのは彼らなのだから。

お金は動機にならない

金、金、金、金、金のことは聞き飽きた。おれは試合でプレーして、ペプシを飲んで、リーボックをはきたいだけだ。

——シャキール・オニール（アメリカのバスケットボール選手）

多くの人は、金銭こそ究極の動機づけだと思っている。だがそれは正しくない。

たとえば、企業や非営利団体で何千時間も無償で働くボランティアのことを考えてみるといい。多くの会社は人々に手数料やアフィリエイト料を払って協力してもらおうとするが、こうした行為はかえって疑問を生じさせ（「この人たちはお金をもらっているから商品を褒めているのだろうか……」）、関係を変えてしまう（「自分は金をもらっているから商品を褒めているのだろうか……」）。

ミネソタ大学教授のキャスリン・ボーズは、人々の行動に金銭が及ぼす効果を調べる実験をおこなった。その内容は次のとおりだ。

●モノポリーをする被験者を3グループに分け、それぞれ4000ドル、200ドル、0ドルのゲーム貨幣を与えた。そして彼らが部屋から出たときに、実験協力者が鉛筆の入った袋を床に落とし、被験者が何本の鉛筆を拾ってくれるかを調べた。結果は、4000ドルのグループがもっとも非協力的、0ドルのグループがもっとも協力的、200ドルのグループが中間だった。

●被験者に25セント硬貨を8枚渡して、ばらばらのフレーズを1文に戻してもらった。そのうちいくつかのフレーズはお金に関するものだった。実験の終わりに、被験者は学生基金への寄付を依頼された。すると、お金に関するフレーズをまとめた被験者が寄付した額は、お金にまったく関係のないフレーズをまとめた被験者の額より少なかった。

●被験者を3グループに分け、それぞれ、スクリーンセーバーがないコンピュータ、魚のスクリーンセーバーのコンピュータ、お金のスクリーンセーバーのコンピュータがある部屋に入ってもらった。そして、ほかの被験者と話すために椅子を2脚置いてほしいと言うと、お金のスクリーンセーバーの部屋の被験者は、残りの部屋の被験者と比べて、椅子の間隔を広くあけた。

被験者は大学生だったから、現実世界の結果とは一致しないかもしれないが、その行動を見ると、お金が彼らの態度に何らかの影響を与えているのがわかる。お金のような外から与えられる報酬は、かならずしも人を魅了するのに効果的とは言えないのだ。

その一例が、ウィキペディアだ。この膨大な情報源を作り上げたのは、ボランティアと素人だ。誰かに謝礼をもらって働いたのではない。対照的に、マイクロソフトはオンライン百科事典のエンカルタに何百億ドルも投じたが成功せず、２００９年には、このプロジェクトをたんなるオンライン辞書に縮小した。

お金を払うからといって、欲しいものが手に入るとはかぎらない。素材そのものが失敗なら、お金を積んでも役に立たない。素材がすばらしいなら、お金は関係なくなる。それどころか、すばらしい素材に金銭的なインセンティブを加えると、逆効果になることさえある。

お金を「魅了」のツールとして使うのは、よくよく考えたほうがいい。

お互いさまの精神

互いに恩を感じ合うことも、長く魅了するための強力な方法だ。エチオピアが、メキシコに助けられた50年後にメキシコを助けた話はすでに紹介した。今度は都市レベルの実話を紹介しよう。

2001年、百貨店のメイシーズによる感謝祭パレードの日のこと。サウスカロライナ州コロンビアのホワイト・ノル・ミドルスクールの生徒たちが、ニューヨークのルディ・ジュリアーニ市長に、44万7265ドルの小切手を送った。9・11の攻撃で失われた消防車をこのお金で1台買ってくださいという申し出だった（さる裕福な個人からの高額募金が含まれてはいたが）。

サウスカロライナの生徒たちは恩返しをしたのだ。134年前、コロンビア市が火事にバケツ部隊で対処していることを知ったニューヨーク市民は、募金をして消防車を送った。1台目が運搬途中で海に沈むと、さらに資金を集めて2台目を送った。ニューヨーク市民の多くは北軍の兵士だった。

その心遣いに、南軍の元大佐サミュエル・メルトンはいたく感激し、コロンビア市民を代表して、「もし帝都ニューヨークに不幸な事態が生じたらかならずこの恩返しをする」と誓った。そして134年後、生徒たちが彼の約束を守ったというわけだ。

3章で、誠意にもとづいて行動することの大切さを論じたが、ここでも少し追加しておく。非常に重要なことだからだ。

●喜んで与える　もっとも純粋な贈与の形態は、自分を助けてくれない人に、見返りを期待せず与えることだ（たとえば、南北戦争終結の数年後にコロンビアを支援したニューヨークのように）。皮肉なことに、こういう贈与こそが最大の返礼をもたらす。

●**早く与える**　相手の好意を求めるまえに、自分から好意を示して「先払い」しておく（たとえ相手の好意をまったく必要としていないときでも）。この場合、与えるものと見返りに求めるものとのつながりがはっきりしているほど、見え透いた弱い行動になる。それは取引であって、好意ではない。

●**たびたび、気前よく与える**　ことわざにあるとおり、「種をまいた分だけ刈り取れる」。たくさん与えれば、たくさん得られる。質の高い好意を示せば、質の高い好意が返ってくる。だから、大きな結果につながる好意を示そう。

●**意外なときに与える**　ヴァージン・グループの会長リチャード・ブランソンと、モスクワのさる会合でともに講演したとき、講演者の控え室で彼から、ヴァージン航空で旅行したことがあるかと尋ねられた。私が、いつもユナイテッド航空を利用しているのでヴァージンには乗ったことがないと答えると、彼はいきなりひざまずき、自分の上着で私の靴を磨いてくれた。そのとき以来、私はヴァージン・アメリカが飛んでいる路線ではかならずヴァージンを選んでいる。

●**返礼を求める**　相手が提供できるものが必要になったら、ためらうことなく返礼を求める。借りを返す方法を示すことによって、その人の心の負担を減らせるからだ。そうすることによって、

靴を磨いて、私をヴァージン・アメリカの生涯顧客にするリチャード・ブランソン

相手はまたあなたの好意を受け取りやすくなり、互いの関係はさらに深まる。

私が好きなロバート・チャルディーニの逸話を紹介しよう。

スタンフォード大学の教員クラブでの昼食で、彼の隣に坐ったときのことだ。何かしてあげた相手が礼を言ってきたときにどう応じるべきかという議論になったのだが、チャルディーニは、「どういたしまして」より、「あなたも私に同じことをしてくれるとわかっているよ」のほうがはるかにいいと言った。

このチャルディーニのフレーズは、何かしてあげた相手に、いつか自分も助けてもらうかもしれないと伝えつつ、情に篤く、返礼してくれる人だと信じていることをも示している。そういう気持ちでこのフレーズを口にすれば、たしかに形式だけの「どういたしまして」よりはるかに魅力的だ。もちろん、たんに貸し借りを作ろうという態度なら魅力的ではない。賢く使いたいフレーズだ。

コミットメントと一貫性を強める

あなたの素材にコミットしてもらい、一貫してそれを尊重してもらえれば、長く人を魅了することができる。

そのよい例が、ハワイに住み、この州のユニークな文化とライフスタイルを愛する人々の組織〈カヌ・ハワイ〉だ。ここのメンバーは、環境の変化、生活費の上昇、就職先の減少が、愛するハワイを脅かしている現状を目にして立ち上がった。

カヌ・ハワイでは、現地の生産物を買う、ビーチを掃除する、環境に配慮した生活を送るといったコミットメントをメンバーにうながす。さらに、フェイスブックやツイッター、Eメールを使って、メンバーの友人や家族にもコミットメントを広げていた。

コミットメントと一貫性は、3つのレベルで人を長く魅了する。

レベル1：人がいまの素材に惚れこんでいれば、過去の決定を見直したり、別の選択肢を考えたりということが減る。コミットメントは、次の機会にあなたの素材が選ばれない可能性を減ら

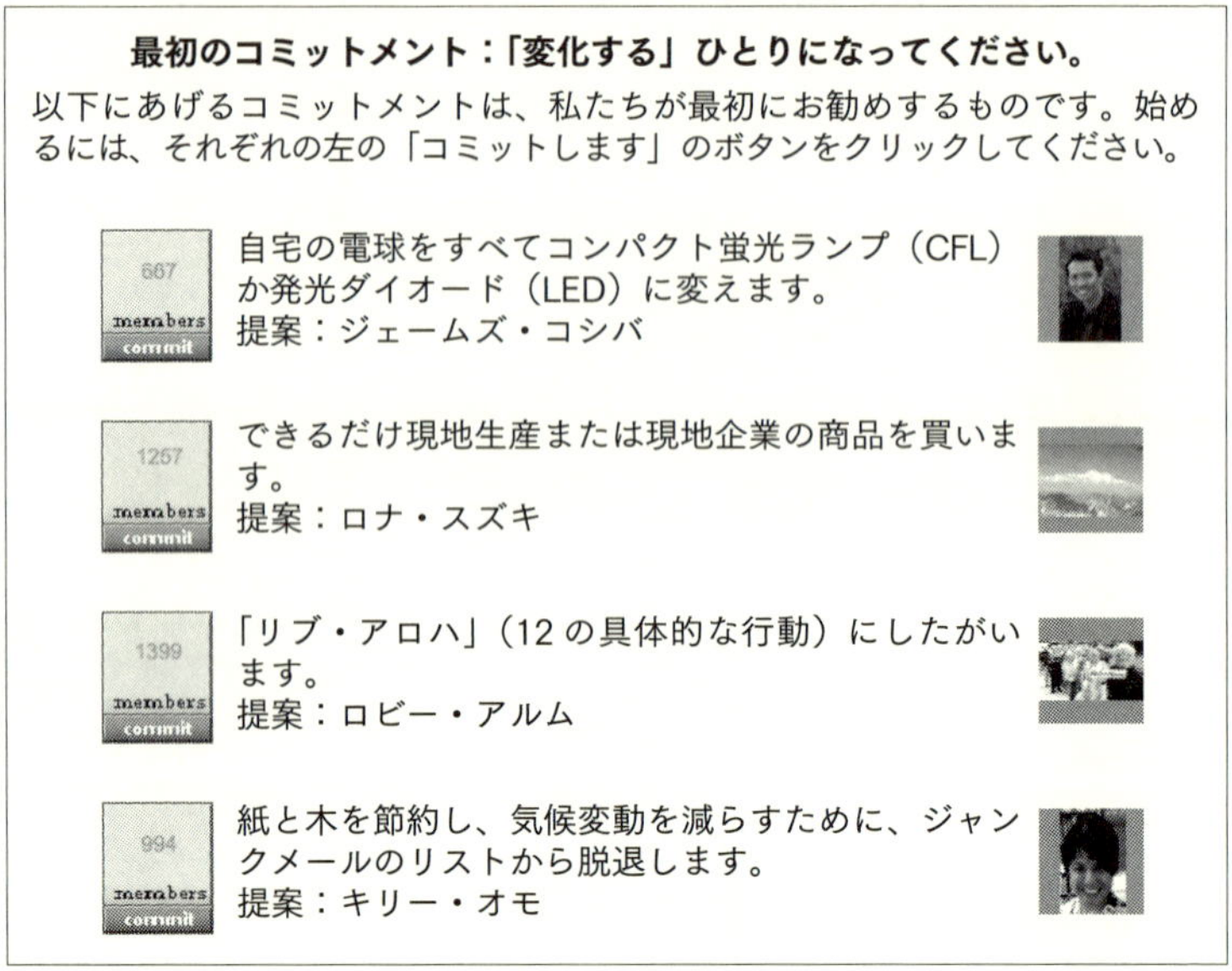

最初のコミットメント：「変化する」ひとりになってください。
以下にあげるコミットメントは、私たちが最初にお勧めするものです。始めるには、それぞれの左の「コミットします」のボタンをクリックしてください。

667 members commit	自宅の電球をすべてコンパクト蛍光ランプ（CFL）か発光ダイオード（LED）に変えます。 提案：ジェームズ・コシバ
1257 members commit	できるだけ現地生産または現地企業の商品を買います。 提案：ロナ・スズキ
1399 members commit	「リブ・アロハ」（12の具体的な行動）にしたがいます。 提案：ロビー・アルム
994 members commit	紙と木を節約し、気候変動を減らすために、ジャンクメールのリストから脱退します。 提案：キリー・オモ

〈カヌ・ハワイ〉の活動の様子

してくれる。

レベル２：良心ある人は自分のコミットメントを尊重する。だから、そもそもなぜコミットするのが正しいのかを示してあげることが重要だ。いったんコミットしたあとは、おのおの大切なセルフイメージを守ろうという願望が働く――「やると言ったことをやらなければ、尊敬に値する人間でなくなってしまう」というわけだ。

レベル３：自分のコミットメントを他人に話すことで、さらにそれを尊重するようになる。コミットメントを守らなければ、友人や家族の目に、規律や忍耐力のない人間として映ることになるからだ――「やると言ったことをやらなければ、まわりの人から尊敬に値しない人間と思われる」。

もし、人々があなたではなくあなたの競争相手にコミットし、一貫してその決定にしたがっている場合には、コミットメントと一貫性は逆風にもなりうる（たとえば、ウィンドウズに惚れこんで、マッキントッシュを試してみようとしないとか）。でも私は楽観主義者なので、6章で論じたテクニックを使って、コミットメントと一貫性を育て、できるだけ人々を長く魅了しつづけてもらいたいと思う。

エコシステムを築く

あなたの素材を支援してくれるコミュニティが存在すれば、魅了は長続きする。このコミュニティを「エコシステム（生態系）」と呼ぶことにしよう。エコシステムは、人々が素材から受け取る満足感を高め、あなたが少なくともひとつのシステムに貢献していることを世の中に示してくれる。また、いまより多くの人があなたを助けてくれることにもなる。いまや彼らの成功はあなたの成功と不可分だからだ。

エコシステムの構成要素は、次のようなものだ。

●ユーザーグループ　アップルがマッキントッシュをなかなか成功に導けなかった1980年代

から90年代の暗い時代、何百人ものマッキントッシュの熱狂的なファンが、ボランティアでユーザーグループを運営していた。彼らは、アップルが動けない、もしくは動こうとしないときに情報を提供し、支援し、熱意を捧げて、マッキントッシュを後押しした。ハーレーダビッドソン、オラクル、ポルシェ、シスコといった多くの企業にも、同じくらい情熱的なユーザーグループがついている。

●**ウェブサイトとブログ**　熱意ある人々はウェブサイトやブログを運営して、素材に関する情報や支援を提供している（たいていコンサルタントや開発者が勤務外の時間を捧げている）。たとえば、「ワードプレス　ブログ」や「ウィンドウズ　ブログ」で検索してみればわかるはずだ。こうしたサイトがあることによって、顧客も、これから顧客になろうという人も、その素材の価値を再確認できる。こうしたサイトでは、購入後のサポートもおこなって満足度を高めている。

●**コンサルタント**　彼らはほかの人が素材を使うのを助ける技術を磨いている。その結果、顧客の満足度は高くなる。素材が長く人々に受け入れられないと自分のサービスも提供できなくなるから、コンサルタントはかならず素材の成功に関心を持っている。

●**開発者**　Ｘｂｏｘのようなゲーム機であれ、マッキントッシュのようなコンピュータのＯＳであれ、ツイッターのようなオンラインサービスであれ、開発者はそのプラットフォームの成功のカギを握っている。彼らは、ゲームやアプリケーション、サービスを作り出して、プラットフォームをいっそう使いやすくし、人々が素材から得る満足を増やす。

●小売業者　あなたの商品を売ってくれる店や取扱業者が、顧客との唯一の接点であることも多い。〈ベストバイ〉では、人々が気軽に店で商品を試し、買い、返す方法を提供する。消費者の信用も高めてくれる。「ベストバイに、使えない商品は置きません」というわけだ（理論上は）。

●カンファレンス　カンファレンスを開けるほど素材が受け入れられたときには、おのずとわかることだが、カンファレンスは、あなたが成功した大物であることを世間に知らせる。たいていの人は、販売や人気が一定量を超えた素材だけがそうした集まりを持てると信じている。

では、エコシステムのおもなプレーヤーがわかったところで、人々にあなたのエコシステムを作ってもらう、あるいはそこに加わってもらう方法を説明しよう。

●エコシステムを作るに値するものを生み出す　これは私の永遠のテーマだ。魅了、伝道、販売、プレゼン、エコシステム構築のカギは、すぐれた素材にある。すぐれた素材を生み出せば、たとえ本人が望まなくてもエコシステムができあがる。一方、ありふれたくだらない素材には、いくらがんばってもエコシステムはできない。

●エバンジェリストを雇う　すぐれた素材があるなら、エバンジェリストを見つけて、エコシステムを作ってもらおう（エバンジェリストになりたい人が現れなければ、そもそもすぐれた素材ではないのかもしれない）。支援を求めたら、相手がとても喜んで、すぐに引き受けてくれることもよくある。まさに好スタートだ。

●エコシステム構築のリーダーを指名する　多くの従業員がエコシステム構築に協力してくれたとしても、誰かひとり、毎朝目覚めたときにそれを最重要の仕事と思う人が必要だ。エコシステムには、みんなのために旗を振る社内のリーダー（わかりやすいヒーロー、活力の素）が欠かせない。

●人々にやりがいのあるものを与える　エコシステムのメンバーは、ただ坐って会社のＣＥＯを褒めたたえるラブレターを書くわけではない。あなたの信者には、素材を改良する機会が必要だ。つまり、あなたは「オープン」アーキテクチャーを提供しなければならない。たとえば、プログラマーはアドビ・フォトショップにプラグインを加えることができる。オートバイの愛好家はハーレーを改造できる。開発者はｉＰａｄ用アプリを作れる。

●出版する　オープンアーキテクチャーを自然に補完する方法は、素材に関する本や記事を出すことだ。これで末端の人々にまで情報が広がり、彼らをエコシステムに呼びこむことができる。出版物はまた、あなたの組織がオープンで、外部の組織を助けたいと思っていることも伝える。

●批判を歓迎する　たいていの組織は、エコシステムが賛辞を贈り、商品を買い、不平を言わないかぎり、温かくあいまいな態度をとっている。しかし、何かネガティブなことを言われたとたんにおびえて手を引き、エコシステムを維持する努力をやめてしまう。まったく愚かだ。健全なエコシステムは長期にわたる関係なのだから、不和の兆しがあるからといってすぐに絶縁状を叩きつけたりすべきでない。むしろ批判を歓迎し、問題解決の行動を起こせば、関係はいっそう強固になる。

●対話をうながす　「対話」とは、ことばのやりとりである。「やりとり」というところが重要だ。健全なエコシステムを望む会社は、アイデアや意見もやりとりしなければならない。少なくとも、会社のウェブサイトに人々がほかのメンバーや社員と交流できる場を設けること。エコシステムに会社を経営させるわけではないが、メンバーが言うことには耳を貸すべきだ。

●報酬システムを作る　金銭を支払って支援してもらうことについては、すでに反対意見を述べた。けれども、報酬そのものを否定するわけではない。公に感謝することや、表彰や、賞品授与といったシンプルな報酬は、多少の金銭よりインパクトがある。たとえば〈メーカーズマーク〉では、報酬として酒樽に「大使」（バーボンのエバンジェリストのこと）の名前を入れ、その樽からボトルを買う権利を与えている。

●エコシステムの存在を公にする　苦労してエコシステムを支援するのなら、いっそエコシステムを販売とマーケティング活動の中心にすえよう。たとえば、ハーレーオーナーズグループ（H

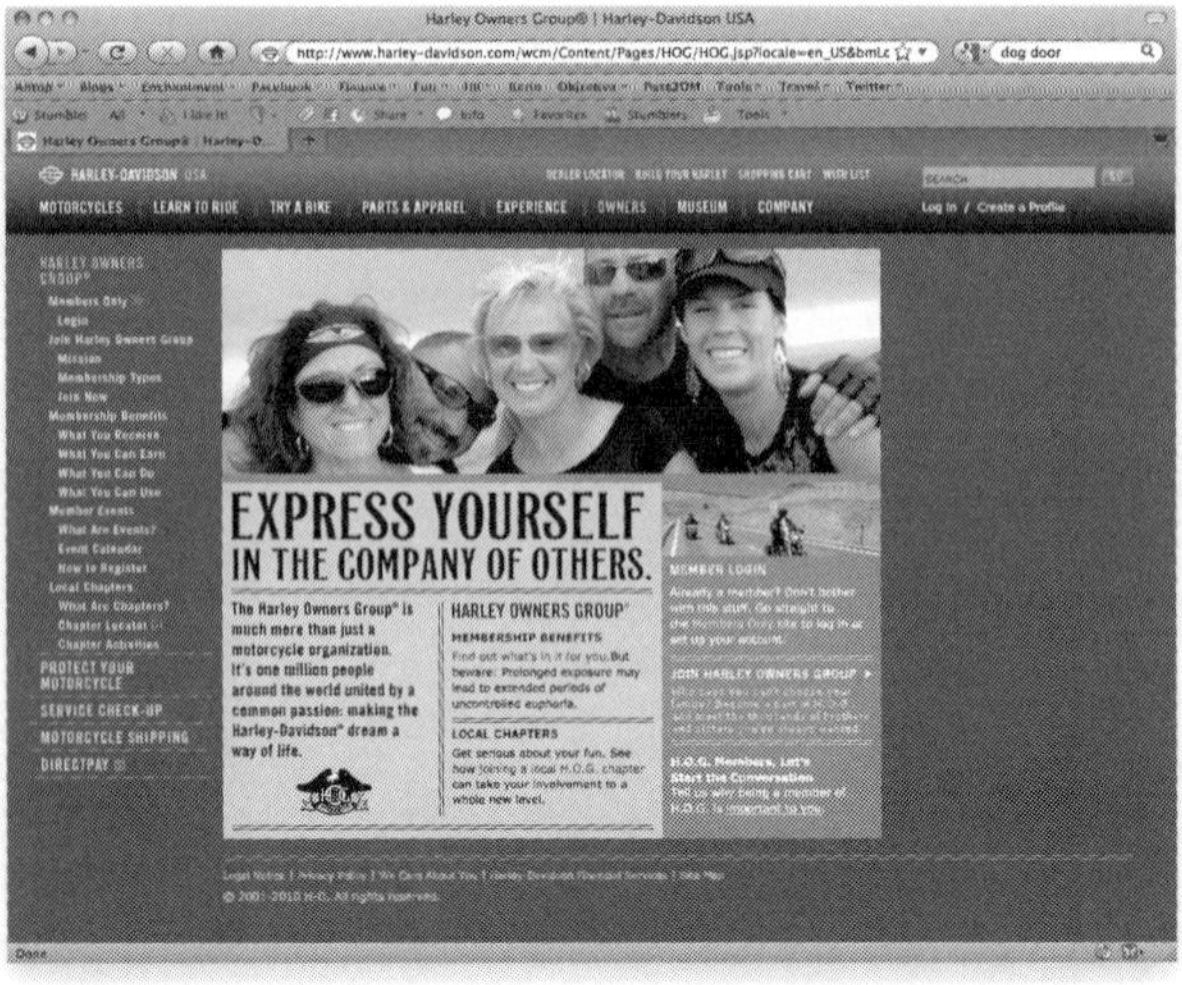

「ほかの人たちといっしょに、自分を表現してください」

OG）は、ハーレーの公式ホームページからわずか1クリックで見られる（上の写真）。

この本を最終テストしてもらっているときに（そう、私の書いた本はソフトウェアのようにテストされるのだ）、ひとりの読者が言った。「このエコシステムの議論はハイテクの大企業だけにかかわることで、うちのような小さな会社にはまったく関係ありませんね」。ご承知のとおり、私は排他的なモデルが大嫌いなので、この指摘に対してはこう考える。

第一に、エコシステムのいちばんの目的は、よりよい商品やサービスを提供し、エコシステムの存在によって信用を確立することにある。そのどちらかに役立つ外部の集団は、どんなものであれ、あなたの「エコシステム」の一部だ。

たとえば、あなたにアドバイスを与える集団のひとつに諮問委員会がある。これもエコシステムの始まりといえる。

第二に、シリコンバレーのハイテク企業を興した変わり者のエンジニアたちが、最初から巨大企業を作るつもりだったとは考えないでいただきたい。どの企業も「ガレージで働くふたり」から始まり、創業者が驚きかつ喜んだことに、巨大なエコシステムを抱える巨大成功企業になったのだ。あなたが作る会社もそこに加わる可能性がある。だから、みずから制限を設けないように。あなたもエコシステムを作れば（どんなエコシステムも最初は小さい）、次のグーグル、シスコ、ユーチューブ、あるいはマイクロソフトになれるかもしれないのだ。

チームを多角化する

多角化したチームは長く人々を魅了する。異なる経歴、視点、スキルを持つ人々が素材をつねに新鮮で関連性の高いものにするからだ。これに対して、裸の王様がゴマすりと道化師を支配しているチームでは、素材は月並みなものになっていく。

年齢、性別、人種、経済的地位、宗教、文化、結婚歴、世帯規模、学歴が異なる人々は、組織の活動に豊かさと妥当性を加える。また、次のように異なる視点でものを見る人々もいることが望ましい。

●**擁護者**　顧客、信者、フォロワーの側に立ち、より低い価格、迅速な配達、無料サポート、オンライン活動強化などの布教活動に励む。組織のなかの信者代表。

●**懐疑論者**　ポジティブとネガティブの両方のニュースに対して、懐疑的な態度をとる。アイデアを鍛えるためにあえて反論する。懐疑論者を皮肉屋と混同しないように。懐疑論者が「疑う」立場からものを見るのに対して、皮肉屋は、自分は「知っている」という観点からものを見る。

●**ビジョンの持ち主**　社内のテクノロジーと市場の今後の進化について、明確な考えを持っている。最高のマネジャーではないにしても、信者がみずから気づくまえに彼らのニーズを見きわめる。このような人物はぜひとも必要だ。

●**大人**　ものごとを効率よく、コストに見合った方法で、規則にのっとって進める。未来を見つめるビジョンの持ち主を、後方、側面、上方、下方の観点からチェックして補完する。

●**エバンジェリスト**　素材が人々の生活をどう改善するかという夢を売りこむ。素材のよさをできるだけ信じてもらうために、感情、知性、説得力を使うが、金銭はめったに使わない。

●**成果をあげる人**　取引をまとめる。この役割には、広告スペースを売ったり、基金を説いて非営利団体に寄付してもらったりすることが含まれる。自分でやってみるまで、人は販売など簡単だと思いがちだ。

さまざまな能力を持つ人、少なくとも複数の役割に対応できる人を組織に入れておけば、さらに長く強力に魅了することができるだろう。

人を配置して素材を長持ちさせるのに、多角化のしすぎということはありえない。

大いに広げよう

グレイトフル・デッドのファンは、REIの顧客と同じように、一人ひとりが価値を内面化している。彼らにとってデッドの魅力は音楽だけでなく、友情という心のつながり、そしてともに成長する喜びである。このバンドは1960年代から活動しているが、いまや三世代目、四世代目のファンがいる。それほど長いあいだ魅了しつづけているのだ。

長寿の理由のひとつは、メンバーが自分たちの音楽を広めるのを積極的に支持していることにある。アメリカレコード協会が、個人間のネットワークで音楽を共有した年配の婦人をも告訴するのに対し、グレイトフル・デッドは、コンサートに来た人がライブを録音して広めることを勧めている。まさか？　いや、事実だ。

デイビッド・ミーアマン・スコットとブライアン・ハリガンによると、このバンドはコンサートで録音する人を排除しないどころか、質のいい録音を可能にするために、自分たちのミキシング機材の裏に、プロ仕様の録音装置を設置するのを認めているという。そればかりか、録音する人は特別席に坐ることもできるし、グレイトフル・デッドのウェブサイトには、録音する人のためのセクションまである。*
録音に課せられる唯一の制限は、録ったものを商業目的に使ってはいけないということだけ。それさえ守れば、好きなように彼らの音楽を広めていい。録音した人によるこうした普及活動は、長年のうちにグレイトフル・デッドのコンサートにより多くの人を呼び寄せ、彼らの楽曲の売上増加にも役立っている。
おそらくグレイトフル・デッドは、もっと権利に厳しいほかのバンドが消えてしまったあとも活動を続けるだろう。人々に自分たちの音楽を無料で楽しませているのだから。

*デイビッド・ミーアマン・スコットとブライアン・ハリガン『グレイトフル・デッドにマーケティングを学ぶ』(日経BP社)より。

「魅了された」ストーリー⑦

クリス・アンソニーは、インディアナ州リッチモンドに住む顧客関係のコンサルタント。以下は、ディズニーのレストランの支配人が職務を超えるサービスを提供して、生涯彼を魅了することになった話だ。

2007年、ハネムーンでウォルト・ディズニー・ワールドに行った。ところが、ディズニー系列でないホテルに泊まった最初の夜、ホテルの従業員のひとりが、私たちの部屋に押し入ろうとした。支配人に通報したが、返事は「ドアに閂《かんぬき》をかけておくべきでした」。次の日、私と妻はずっと動揺し、怖れ、パークに行っても何も目に入らないほどだった。

そんな状態でアニマル・キングダム・ロッジにある〈ジコ〉で食事をとったときのことだ。料理が来るのを待っているあいだ、レストランの当日の支配人だったサラに、ホテルで起きたことを話すと、彼女は私たちの話を聞くなり、ちょっと待ってと言って職員専用ドアの向こうに消えていった。そして戻ってくると、部屋の鍵を差し出してこう言った。「そのホテルをキャンセルして。アニマル・キングダム・ロッジのお部屋を同じ料金で提供しますから。そんな話を聞いて、何もしないわけにはいかないわ」

私たちのハネムーンは不愉快なホテルの従業員のせいで台なしになるところだった。でもそれを、サラがウォルト・ディズニー・ワールドを代表して、すばらしいものに変えてくれた。あのときの温かい心遣いを忘れたことはない。これから先も、ほかのところに泊まりたいなんて思わないだろう。

8章 「プッシュ技術」の使い方

パワーポイント、ツイッター、Eメールを武器にする

脳のことはよくわからないので、私たちはつねにその時代の最新テクノロジーをモデルにして理解しようとする。私が子供のころ、脳は決まって電話の交換台にたとえられていた（「ほかに何がある？」）。偉大なイギリスの神経科学者シェリントンが、脳は電報のような仕組みで動くと考えていたのは興味深い。フロイトは、脳をよく水力や電磁力のシステムと比較した。ライプニッツは、風車小屋にたとえた。古代ギリシャ人は脳の機能を投石機のようなものと考えていた、という話も聞いたことがある。現代では、デジタルコンピュータにたとえられている。　——ジョン・R・サール（アメリカの哲学者）

現代は「魅了」の黄金時代だ。世界じゅうの人々にこれほどたやすく、速く、安く到達できる時代はかつてなかった。本書全体をつうじて、折に触れテクノロジーの使い方を紹介しているが、以後2つの章では、これを集中的に取り上げよう。まずこの章では、人々を魅了する「プッシュ技術」、たとえば、プレゼンテーション、Eメール、ツイッターの使い方から。

一般原則

デール・カーネギーだったら、ツイッターをどう使うだろう。彼の著書『人を動かす』（創元社）は1937年の発売以来1500万部以上が売れ、いまでもアマゾンのベストセラー上位200に入っている。なんとかっこいいことか。

カーネギーならツイッターが大好きになっただろう。ツイッターを使ってクライアントにもっと速く、頻繁に連絡をとったはずだ。インターネットを利用して世界のあらゆる場所にいる人に声をかけ、市場を広げただろう。そしてクライアントには、友人を獲得していっそう多くの人を動かすツイッターの利用方法を伝授しただろう。

『人を動かす』が売れつづけているのは、時代を超えて有効な一般原則を示しているからだ。もしカーネギーの本が1937年のテクノロジーにもとづいていたら、いまも売れているとは思えない。1937年当時、新車の値段は平均760ドルだった。もっとも人気があった映画は『白雪姫』で、BBCが初めて局外中継をした（ジョージ六世の戴冠式のために）年でもあった。

私のこの本も、何十年ものあいだ時代遅れにならないことを願っている。そこで、いまはまだ予見できないテクノロジーにも適用できる一般原則をあげておく。

●速く結びつく　ほかの人が連絡してきたら、すばやく返答する。2011年の基準で「速い」は、24時間以内だ。すぐに返答する人は少ない。ほとんどの人はテクノロジーを効果的な魅了のツールとして使っていないということだ。あなたは運がいい。すぐに返答する人は珍しいから、ほかの人より魅力的になれる。

●多くの人と結びつく　裕福で著名な、従来型の影響力のある人だけに集中してはいけない。みんなを同等に扱い、できるだけ多くの人に返答すること。あなたにとって誰がいちばん貴重な支持者や友人になるかはわからない。かぎりなくオープンなコミュニケーションの世界においては、無名な人が次の有名人なのだ。

●たびたび結びつく　わずか数回の連絡で相手を魅了できると思わないように。魅了はプロセスであって、一度かぎりの出来事ではない。継続して結びつくことが大切だ（たとえそうする価値がないように見えるときにも）。速く結びつく人が少ないのと同様に、たびたび結びつく人も少ない。だから、実行すればこれも目立つ。

●複数のメディアを使う　一般的に、利用するメディアは多ければ多いほど魅力が増す。テキストだけではあまりに前世紀的だ。いまや写真、動画、ライブチャット、オーディオ、なんでもある。あなたがこの本を読むころ、どんなメディアが登場しているか、誰に予測できるだろう。

●価値あるものを提供する　「価値のあるもの」には、①有用で、人が元気になり、楽しいコンテンツにつながるもの、②個人的な見解、観察やコンテンツ、③アドバイスや支援――がある。これらを発見したときには、オンラインのリソースからさらに価値を引き出せるように、友人やフォロワーに伝えるべきだ。

●**功績を認める**　誰かの助けで（他人に伝える）貴重な情報が見つかったら、その人にお礼を言う。誰かが書いたものを読んで気に入ったら、ポジティブなコメントを残す。これらのアクションは、いわば「感謝状」だ。他人を明るい光で照らせば照らすほど、あなた自身が注目される。

●**好意的に解釈する**　こんなふうに考えよう――まわりの人は正直で、賢明で、上品だ。不正直でも、愚かでも、矛盾してもいない。デジタルコミュニケーションにおいても、礼儀は守らなければならない。自分がすることはすべて公になり、永遠に残る。誰もが未来永劫見ることのできる指紋を残していると考えるべきだ。

●**多様性を受け入れる**　幅広く柔軟な態度をとるほど、オンラインでのあなたは魅力的になる。あなたがまちがっていることもあるし、ほかの説明や方法、見方ができることもあるだろうが、一致しない意見も認めることは、成功につながる。とはいえ、多様性を受け入れるのにも限界はある。そこで次の項だ。

●**非礼は受け入れない**　あなたが好意的に解釈しても相手が乱暴な態度をとるときには、我慢してはならない。私の持論だが、あなたが誰かをろくでなしだと思うときには、静かに状況を見守っている人もたいていそう思っている。これを「ガイの完全なカス（あるいは不届き者）認知理論」という。静かな観察者は、あなたが非礼を受け入れないのを目にして、その反撃の勇気に魅了される。ただし、人格攻撃はしないこと。批判するのは、あくまで意見、考え方、視点である。

●宣伝を制限する　自己宣伝の量に制限を設ける。とはいえ、ソーシャルメディアの極右派の主張とちがって、この制限は「ゼロ」ではない。ツイートや投稿やアップデートによる宣伝が5パーセント以内に収まっていれば大丈夫。逆に、誰からも苦情が出なければ、宣伝が足りないのかもしれない。ひとつのルールとしては、「提供する価値が多ければ多いほど、あなたの素材を宣伝してもいい」。

●利益の対立を公表する　3章でも述べたが、重要なことなのでくり返す。利益の対立は公表すべきだ。第一に、そうするのが正直だから。第二に、あなたがすでに人々を魅了しているのなら、提供する素材は彼らの興味を引くはずで、そうであれば、利益の対立を公表することはすぐれたマーケティングになるからだ。

これらの原則は、テレパシー、タイムトラベル、思考制御、脳交換を除くあらゆることに当てはまる。もし、そうしたテクノロジーが利用可能になれば、人の心や精神、行動を変えるのに魅了する必要はなくなるかもしれない。いずれにせよ、そのころには誰もこの本を読んでいないだろう……。

プレゼンテーション

演説は力である。演説は相手を説得し、変容させ、力づくで動かす。相手を悪い認識から引き出し、自分の正しい認識に引きこむ。

——ラルフ・ウォルドー・エマソン（アメリカの思想家）

私は一般原則が大好きだが、それらを解説した本のなかには、読み終えたときに、「でも明日からどう行動を変えればいい？」と自問してしまうものもある。そこでこの章の残りでは、２０１１年時点で存在するテクノロジーの活用法について、テーマごとに具体的な提案をしよう。最初のテーマは「プレゼンテーション」だ。

もしあなたが「プレゼンで人は魅了できない」とお考えなら、それはまだすぐれたプレゼンを見ていない証拠だ。アル・ゴアの「不都合な真実」のインパクトを思い出していただきたい。

経営陣ならかならず、未来の従業員、顧客、投資家、アドバイザー、ベンダー、パートナー、ジャーナリスト、ブロガー、規制当局、（そして願わくは）投資銀行家に、プレゼンをせねばならない。その際のもっとも一般的なツールはパワーポイントとキーノートだが、テクノロジーをまったく使わなくてもよい。すばらしいプレゼンのカギとなるのは、すばらしい素材だ。

あなたの手元に何かすばらしいものがあると仮定して、魅力的なプレゼンの心得を次にあげてみよう。

魅力的なストーリーを語るアル・ゴア。

●導入部をカスタマイズする　ひとつ秘密を教えよう。すぐれた講演者は同じ内容のプレゼンを何度もくり返しているのだが（ほかにプレゼンを完成させる方法があるだろうか？）、あまりにうまくやるので聴衆はそれに気づかない。だが、講演するたびに変えるところがひとつある――導入部だ。私はいままでこの本で何も保証していないが、ここで初めて保証する。導入の挨拶をカスタマイズすることによって、遅くとも最初の5分で聴衆を魅了することができる。

　お決まり《カスタマリー》の挨拶（「今日こうやって話ができてうれしく思います」などなど）ではなく、「カスタマイズ」である。私は自分の講演をカスタマイズするのに写真を用いる。たとえば、ヒューレット・パッカードのプリンター部門のまえで話すときには、わが家にある同社のプリンターとファックスの写真を見てもらう。〈SCジョンソン〉の人々に講演するときには、わが家の流しの下にある同社のプレッジ〔訳注：家具用ワックス〕やウィンデックス〔訳注：ガラス用洗剤〕の写真を見てもらう。

外国の都市で話すときにも最大限努力する。ふつうは講演の前日に現地入りして、自分の視野を広げるために町のなかを見てまわり、魅了されたものの写真を撮る。現地見学の時間がとれなかった場合は、当日の参加者の写真を撮ってスライドのなかに入れる。

参考までに、次ページから8点、私が世界のさまざまな町で撮影し、講演で使った写真をあげておこう。

●夢を売る　人々を魅了する人は、商品やサービスや会社を売りこまない。売上原価や、ガラス、シリコン、鉄、革、ゴムといった観点でものを考えない。スティーブ・ジョブズは、どうすればみんながA社から2年契約で188ドルの商品を買うだろう、などとは考えない。

魅了する人が売りこむのは、未来の夢だ。より楽しいソーシャル・インタラクション、より美しい環境、心ときめく体験、出版の未来型……。こういっ

©Associated Press / Paul Sakuma

ジョブズと最低限のスライド。

ムンバイのあらゆる場所にいる聖なる牛といっしょに。

エディンバラの店〈クロンビー〉で
ハギス［訳注：羊の胃に臓物を詰めてゆでた、スコットランドの伝統料理］について学ぶ。

バンガロール宮殿でゾウの足をチェック。

リオデジャネイロのキリストと、ハイ・テン。

モスクワでロシアの大砲の弾の大きさを確認。

〈カルガリー・フレイムズ〉［訳注:·アイスホッケーのプロチーム］の会長
ケン・キングとスケート。

イスタンブールのグランドバザールでフェズを試着。

〈サーフ・インダストリー・マニュファクチャーズ・アソシエーション〉の会合出席者の腕

た視点が、人々を動かすプレゼンの基礎となり、何が可能なのか、何が現実なのかを考えさせるきっかけになる。そうして聴衆からエネルギーを引き出し、より高いレベルでエネルギーを返すことができる。

●スピーチ原稿ではなく、脚本と考える　プレゼンをデザインする会社〈デュアルテ・デザイン〉のナンシー・デュアルテは、プレゼンを三幕の脚本ととらえることを勧めている。第一幕はストーリーと「何が現実か」の提示、第二幕は「何が可能か」のドラマの提示、第三幕はストーリーの結末と、なぜそうなったかの説明だ。つまらない映画より、つまらないスピーチのほうが多い理由は、おそらく講演者が脚本の枠組みを使わないからだろう。

●ドラマ化する　わくわくするプレゼンのために、感情に訴える写真や力強い動画、思わず買いたくなる商品デモを用意する。目標は、人々の想像力を刺激して行動に駆り立てる情報を提供すること。ちなみに、テキストだけのスライドが魅力的であることはまずない。画面上の単語は少なければ少ないほどいい。

●短くする　一般に、宣伝文句が長いほど、売り手のスキルは拙《つたな》く、素材は平凡である。私のガイドラインは「10／20／30ルール」だ——10枚のスライドで、20分、フォントは30ポイント以上。

●練習する　嫌になるほど同じプレゼンを練習する。そこからさらに練習する。スティーブ・ジョブズがステージに立って即興で話していると思ったら大まちがいだ。彼は何時間も練習している。あのスティーブ・ジョブズが、である。だったら私たちはどのくらい練習しなければならないか想像してみてほしい。

●聴衆の雰囲気作りをしておく 聴衆と交流できるように、会場に早めに到着する。これにはふたつのメリットがある。まず、講演の成功を望む友人が増えることで自信が生まれる。次に、どんなに短くても聴衆とやりとりすることで、あなたに対する支持が多少なりとも向上する。

●回数を重ねる 最後のアドバイスは、同じプレゼンをできるだけ何度もくり返すこと。雄弁家ですら反復で話がうまくなる。100回もプレゼンすれば、見るべき人は全員見ていると思うかもしれないが、それはたぶんまちがいだ。たとえば、アル・ゴアは「不都合な真実」のプレゼンを1000回以上おこなった。

もし1時間でも余裕があったら、これまでもっとも魅力的だった私の講演を見てほしい［訳注：YouTubeで「Guy Kawasaki+TiECon 2006」と検索すると見られる］。2006年のインダス起業家会議でのもので、あのときは宇宙のすべての力が私に味方してくれた。立ち見席のみの会場に活気ある聴衆。私の著作のファンも大勢いて、しかも何人か退屈な講演者が話したあとだった。聴衆が私のスイッチを入れてくれたと言っていい。その講演のクライマックスは、主催者が私をステージからおろそうとしたのに対して、みんながまだ話してほしいと要求したときだった。

Eメール

Eメールは、何百万もの人にとって、もっとも重要なデジタルコミュニケーションだ。いずれはフェイスブックのアップデートや、ほかのソーシャルネットワークに取って代わられるのかもしれないが、現時点では、まだ数年先の話のようだ。だからいまはメールの使い方を学ぶことがとても重要。メールを「魅了」のツールとして使う方法を示そう。

●本物のアドレスを使う　人々に真剣に受け止めてもらいたければ、所属組織のドメイン名の入ったメールアドレスを使うべきだ。aol.com や gmail.com や yahoo.com ではいけない。そういったアドレスを使うと、素材に真剣に取り組んでいないという印象を与えてしまう。あなたが真剣に取り組んでいないものを、人々が気にかけなければならない理由があるだろうか？

●紹介してもらう　あなたを知らない人、またはそういう相手の「門番役」にメールを読んでもらうのはむずかしい。これに対処するいちばんの方法は、受け手が知っている人、好きな人、尊敬する人にあなたを紹介してもらうことだ。紹介もなしに届いた見知らぬメールを読むのは、きわめて仕事熱心な人だけである。

●件名をパーソナル化する　誰かが受け手にあなたを紹介してくれたとしても、メールの「件名」によっては読まれない可能性がある。もし相手があなたを知らなかったり、紹介されていなかったりしたら、件名は決定的に重要だ。

成功する件名としては、受け手の知人に言及する（「奥様からの推薦で」）、受け手の会社や関心事にくわしいことを示す（「サンノゼ・シャークスの試合へのご招待」、「オールトップに新しいお知らせ」）、巧みに受け手を持ち上げる（「あなたの著書に感銘を受けました」）などがある。

●6文以内に収める　私がこれまでに受け取った何十万というメールのうち、短すぎたものはひとつも思い出せない。これに対して、95パーセントのメールは長すぎる。理想的な長さは6文以内で、メッセージには次の情報だけが含まれていればいい。①なぜ連絡したのか（次の「おだてる」を参照）、②あなたは何者か、③あなたの素材は何か、④何をしてほしいのか、⑤なぜあなたを支援しなければならないのか、⑥次のステップは何か。

●おだてる　政治的に正しく言えば、「相手について勉強する」だが、言いたいことは同じだ。冒頭の文で、受け手に連絡した正当な理由と、受け手について知っていることを何か示すのだ。たとえば、「あなたをツイッターでフォローして、いつも写真についてツイートしておられるのに気づきました。弊社は、撮影にまだ不慣れなかたでも上手に写真を撮ることができる方法を開発しました」。

●添付は最小限に　添付はわずらわしいし、多くの人はウイルスを怖れて開けようとしない。だから、最初のメールにはできるだけ何も添付しないこと。そのメールで興味を持ってもらえたら、受け手の許可を得て送ればいい。

●具体的なことを頼む　多くのことを頼みすぎるメールより悪いメールがあるとすれば、それは何も頼まないメールだ。または、送り手が何を望んでいるのかわからないメール。誰かの興味を引いて注目してもらったら、ウェブサイトを訪問してもらうとか、動画を見てもらうとか、何かを依頼すべきである。受け手があなたのメールを読んだあとで、何を期待されているのかわからなかったら、それは大切なチャンスが失われたということだ。

私に効果を発揮したメールを次ページに紹介しておいた。少々長いが、何ができるかを説明し、おだてて、私の興味分野を知っていることを示し、具体的なことを頼むなど、ここには基本的な要素がすべて含まれている。

私はこれを受け取ってすぐ、ｉＰｈｏｎｅにアプリをダウンロードしてしまった。

ツイッター

ツイッターは、私がこれまで使ったなかでもっとも強力な魅了のツールだ。その威力はウェブサイトやブログを上まわる。ツイッターは「プッシュ」のメディアだからだ。つまり、あなたの

送信者：プリヤ・ケイン
日付：2010年7月1日4時49分58秒PDTPM
宛先：”guy@alltop.com” <guy@alltop.com>
件名：iPhone/Droid アプリ・レビュー

こんにちは、ガイ

私はインドアマップ会社〈ミケロ〉の代表、プリヤ・ケインと申します。このたびミケロは、グーグルマップの屋内版を作りました！iPhoneとアンドロイド対応のこのアプリによって、空港、ショッピングモール、学校など、人気施設のなかを、インタラクティブマップでご覧になれます。

さらに、ミケロのマップには、建物の場所を特定する検索バー、現在地から目的地までの屋内ナビゲーション／方向指示、ユーザーのインタラクションを拡張するマップ「ライブフィード」など、ユニークな特徴があります。

ミケロではあなたのブログを数カ月拝見し、閲覧者がとてもたくさんいらっしゃることに気づきました。そこで私どものマップのアプリをご紹介し、できればお使いのうえレビューを書いていただければと考えた次第です。

弊社アプリへのフィードバックを心よりお待ちしております。レビューを書いていただければ、これほどうれしいことはありません。追加の情報が必要でしたら、micello.netまでご連絡ください。

読んでくださってありがとうございます。

プリヤ・ケイン
ミケロ社
http://micello.net/

メッセージ（ツイート）を読むために、わざわざブログやサイトを訪問する必要がない。このサービスを利用しているかぎり、あなたのアカウントのフォロワーは、全員あなたの投稿を読むことができる。

【はじめに】

まず、あなたのツイッターの使い方を改善する方法が３つある。

●**写真をきれいに**　総じて男性は写真映りが悪く、女性はいいが、いずれにせよ、ほとんどの人はプロフィール画像にもっといい写真を使うべきだ。物理的に美形である必要はない。ピントが合っていて、照明の加減がよい写真を使おう。（カラスの足あとを作る）大頬骨筋がしっかり動いていることも確認する。あなたの写真をダブルクリックしてみよう。サイズは大きくなったか？　ぼやけていないか？　赤目になっていないか？　チェックしてみてほしい。

●**プロフィールできちんと説明する**　プロフィールは、いわばあなたの名刺であり、履歴書であり、ポジショニングの説明であり、宣伝文だ。だから、経歴や興味、能力についてできるだけ多くの情報を提供しよう。

ガイ・カワサキ
@GuyKawasaki　カリフォルニア州シリコンバレー
「何がおもしろい？」の質問にすぐ答えます。〈オールトップ〉共同創設者。アップルの元チーフ・エバンジェリスト。『人を魅了する』著者。
http://www.facebook.com/enchantment

●ツイートを反復する　これには反対する人もいるかもしれないが、私は自分のツイートを反復する。CNNやニューヨーク・タイムズ、ロイター、AP通信も同じニュースを報道する。1回だけのツイートでフォロワー全員が見てくれるわけではない。それぞれ生活の時差があるからだ。同じ理由から、CNNもESPNも一日じゅう同じ番組をくり返している。

【ためになるリンクを投稿する】

ツイッターで人々を魅了するには、彼らのタイムラインに価値のあるコメントを流し、フォローしたくなる人間になる必要がある。それには少なくとも3つのコツがある――ためになるリンク、地道な努力、販売プロモーションだ。

ランス・アームストロングや、ブリトニー・スピアーズ（下図参照）、またはバラク・オバマほどの有名人であれば、歯医者に行くのが面倒くさいといったことをツイートしてもかまわない。しかし、私たちがどのテレビ番組を観ているかとか、スターバックスで待つ列が長いとか、猫がごろんと転がったなどと書いても、誰も気にとめない。

これからは、その手のことを書く代わりに、あなたなしでは見つけられなかっ

britneyspears　ブリトニー・スピアーズ
@msleamichele　いざというときに誰も歯医者に連れていってくれない……。ブリトニー
10月20日

たストーリー、画像、動画に人々をつなげるリンクを投稿しよう。むずかしいのは、いかにＦＦＦ（フレンズ、ファン、フォロワー）の心に訴えるリンクをたくさん見つけるかだが、そこは事情通の知恵を借りればいい。すぐれたコンテンツを見つけるという難問は、次の５つの方法で解決しよう。

●自分のコンテンツをプッシュする　あなたの所属する組織が、ウェブサイトやブログで紹介できるコンテ

	nytimes　ニューヨーク・タイムズ 参加不足で、若い有権者に疎外感 http://nyti.ms/9evBIT 1 時間前
	nytimes　ニューヨーク・タイムズ 私たちの町——上院選挙戦で変わらぬ争い http://nyti.ms/cil4tH 1 時間前
	nytimes　ニューヨーク・タイムズ ジャイアンツ対レンジャーズ試合結果——4 - 0。ルーキーの活躍でジャイアンツが優勝王手 http://nyti.ms/bSMtlE 2 時間前
	nytimes　ニューヨーク・タイムズ 借金取り立て人に、指の痙攣の危険 http://nyti.ms/bFTzh 2 時間前
	nytimes　ニューヨーク・タイムズ 寄付者が 2012 年の選挙の基礎を築く http://nyti.ms/9BDolV 3 時間前
	nytimes　ニューヨーク・タイムズ イムクローンの元 CEO、新しいバイオテクノロジー・ベンチャー創設 http://nyti.ms/baGFmZ 4 時間前

ンツを作っているなら、それをツイッターでプッシュする。マッシャブル、CNN、ニューヨーク・タイムズ（前ページ参照）などは、自社のコンテンツへのリンクをツイートしている。コンテンツ制作のビジネスにかかわっている人なら、これをうまく利用できるかもしれない。

●スタンブルアポン　〈スタンブルアポン（StumbleUpon）〉に登録すると、興味を持っているテーマについて訊かれる。そのあと「スタンブル［訳注：偶然出会う］」ボタンを押すと、そのテーマについて、ほかのユーザーが気に入ったウェブサイトやブログを紹介してくれる。このサービスを最大限活用するには、ブラウザにツールバーをインストールすること。約1500万の人と同じように、私はファイアフォックスのバージョンを使っている。カテゴリーを選び、ツイッター、フェイスブック、Eメールでページをシェアできるからだ。

●スマートブリーフ　この会社の賢《スマート》い人々は、何百というストーリーをふるいにかけ、数十の事業者団体向けに、もっともすぐれたものを選び出している。そして、それを要約して一般公開する。ウェブサイトを訪ねるか（www.smartbrief.com）、メールによるニュースレター配信を申しこむだけで、彼らの専門的な仕事の成果を手にすることができる。〈スマートブリーフ〉は、優秀な人々によるニュースのフィルターと言っていい。

●オールトップ　本屋の雑誌の棚がオンラインになったと想像してみてほしい。ただし、そこには850のテーマがあり、すべて無料である。〈オールトップ（alltop.com）〉はニュースをトピックごとにまとめ、それぞれについてすぐれたウェブサイトやブログの上位5件を示し、プレビューも提供する。トピックをざっと眺めて最新ニュースをチェックしたいなら、これほど簡単な方法はない（情報開示――私はオールトップの共同創設者です）。

●助手を使う　人を雇って（通常は学生）、情報を探してもらってもいい。時給10～20ドルで、あなたに代わってインターネットからすぐれたコンテンツを探してくれる、熱心かつ優秀な人が大勢見つかるはずだ。問題解決のために資金を投入してうまくいくのは、こういうときだ。

ためになるリンクを提供しているかどうかは、あなたのツイートに人々が魅力を感じて、自分のフォロワーにも伝える（リツイートする）かどうかでわかる。最近では、誰かに敬意を表したいときに、その人のまねをするのではなく、リツイートすることが誠実だと見なされている。

【地道な努力で人とつながる】

不特定多数に情報を発信するだけでも効果がある。マッシャブル、CNN、ニューヨーク・タイムズのフォロワーの人気の高さが、その証明だ。しかし、これらのツイッターは一方的に発信するだけで、双方向のやりとりはなく、最大限まで人々を魅了しているとは言いがたい。

企業が手作業で個人とつながろうとしない理由は、そうすることにたいへんな労力がかかり、規模の経済が働かないからだ。何十万ものフォロワーにいったいどうやって返答する？　企業側は堰《せき》が切れることを怖れる。「一人ひとりに返答しはじめたら、忙しすぎてパンクしてしまう。それに、みんな今後もずっと返答してもらえると思いこむ」。そのとおり。まさにそうなるだろう。問題は、ほかのマーケティング費用と比較して、それだけの努力をする価値があるかどうかだ。私の答えは想像できるだろう。いまやツイッターは、人々とつながり、人々を魅了するもっとも安上がりで効果的な方法のひとつである。

　ヴァージン・アメリカ、デル、コムキャスト、フォード、シスコなどの企

VirginAmerica　ヴァージン・アメリカ
@ArielSacote　申しわけございません！　ゲートが変更になりました。機上でゆっくりお休みになれますように。
10月28日

VirginAmerica　ヴァージン・アメリカ
@austinheap　ありがとうございます！　近々またぜひご利用ください！
10月28日

VirginAmerica　ヴァージン・アメリカ
@RichCoulcher　LAXでもSFOでも、ご自由にお選びください！
10月27日

VirginAmerica　ヴァージン・アメリカ
その調子だ、オーランド。私たちもがんばって価値あるものを提供します。初めてご利用のかたは、こちらから20%オフ（税・手数料別）——http://vgn.am/6014HY2
10月27日

VirginAmerica　ヴァージン・アメリカ
JFKの天候により、今日の出発・到着には遅れが出ています。ご迷惑をおかけします。運航状況についてはこちらをチェックしてください——http://vgn.am/6013Hct
10月27日

業はツイッターで人々の質問に答え、苦情に対処している。あなたにもできるはずだ。充分注意を払って、労働に見合った価値を引き出せば。

たとえば、コムキャストはわずか10人でツイッターとフェイスブックでのやりとりを処理している。少なくとも一度は、この地道な努力をしてみるべきだろう。MBA取得者をひとり減らせば、1年で10万ドル節約できる。それでソーシャルメディアのスタッフをふたり雇うのだ。ツイートに答えてくれる企業ほど人々を魅了するものはないとわかるはずだ。

【素材の販売プロモーション】

最後の有力コンテンツは、販売プロモーションだ。これを「コンテンツ」と呼ぶことに

DellOutlet　デル・アウトレット
セール最終日！　デル・アウトレットの家庭向け PC が 25%オフ（3〜5 日の配送も無料）！　クーポンはこちらから——http://del.ly/6012Ham
10 月 29 日

DellOutlet　デル・アウトレット
セール最終日！〈ラティテュード〉ノート PC が 25%オフ！　クーポンはこちらから——http://del.ly/6018Hai
10 月 29 日

DellOutlet　デル・アウトレット
トリックなしのトリートだけ！　オンラインセール実施中……厳選されたデル・アウトレットの家庭向け PC が最大 25%オフ！　http://del.ly/6018Hjs
10 月 26 日

DellOutlet　デル・アウトレット
デル・アウトレット・ビジネスでオンラインセール実施中……〈ラティテュード〉ノート PC が 25%オフ！　クーポンはこちらから——http://del.ly/6019HnR
10 月 25 日

は抵抗があるかもしれないが、たとえば、ヴァージン・アメリカの航空券やデルの機器に関するお得な情報を知りたいと思っているなら、この種のツイートは問題ないばかりか、むしろありがたいほどだ（203、204ページ参照）。

ツイッターをプロモーションのツールとして使うには、あなた独自の基準が必要だが、一般的に言って、この種のツイートは全投稿の5パーセント以内に収めるのが妥当だろう。デル・アウトレットのツイートが、製品の宣伝だけでなく、顧客サポートにもなっている点に注目してほしい。ツイッターを販売とサポートの両面で使っている好例である。

【パーソナル化する】

じつは、最高のツイッター利用法を最後にとっておいた。それは「地道な対応を極限まで進める」だ。相手に答えるまえに、その人のプロフィールを確認して、その人にもっともふさわしいツイートをする。ここまで努力する人は少ない。

①

GuyKawasaki　ガイ・カワサキ
私の両親とジョン・ウェインの写真！　http://om.ly/zOlk
1時間前

②

SabineMcElrath　サビン・マッケルラス
RT @GuyKawasaki: 私の両親とジョン・ウェインの写真！
http://om.ly/zMFn <～お母様が素敵！
17時間前

きわめてパーソナルなやりとりの一例を紹介しよう。これは、両親とジョン・ウェインがいっしょに写っている写真を私が見つけて、ツイートしたことから始まった（前ページの①）。

このツイートに、ひとりのフォロワーが答えた（②）。

私は彼女のプロフィールを調べ、グルメであることを発見したので（③）、彼女に返信した（④）。

パーソナル化した私の返答に対して、彼女はこう答えた（⑤）。

ツイッターにはプロフィールのページがある。パーソナル化したメッセージで人々を魅了するための情報は、すぐそこにあるのだ。

③

サビン・マッケルラス
@SabineMcElrath　プロフィールはこちら→
メイン州
コーチ、ソーシャルメディア・コンサルタント、グルメ。キッチン、トライアンフ・ライダー、ルネッサンス・ソウルに関することすべてに夢中。　http://www.smcurrent.com

④

GuyKawasaki　ガイ・カワサキ
@SabineMcElrath　母について親切なおことばをありがとうございます。ところで、http://food.alltop.com/をご覧になったことがありますか？
17 時間前

⑤

SabineMcElrath　サビン・マッケルラス
@GuyKawasaki　すばらしい！　http://food.alltop.com/には読みきれないほど楽しい記事がありますね。ピノ・グリージョのグラスに飛びこんだミバエの気分です！
6 時間前　☆ Favorite　Retweet　Reply

「魅了されたストーリー⑧」

ガー・レイノルズは、奈良在住の著作家で、プレゼンテーション・コンサルタント。ここでは、日本に魅了され、日本の影響で自分のスピーチやプレゼンが変わったことを語ってくれた。

私はオレゴン州シーサイドの海辺にある大きな家で育ったが、その家の庭は日本風で、コイが泳ぐ池や大きな石の灯籠などがあった。一度、嵐のあと波打ち際で遊んでいたときに、美しいガラスの浮きを見つけた。はるか沖にいた日本の漁船から流れてきたものだった。私はその浮きを自分の部屋に持ち帰り、それを眺めては、寝室の窓のすぐ外に見える太平洋の対岸、遠い異国の地を思い描いていた。

20代のとき、交換留学生として日本に渡った。すぐに日本が好きになったが、すっかり文化になじむには3年ほどかかった。最初のころは、熱心に日本語と日本史を学んだ。禅、水墨画、茶の湯、生け花、能楽なども勉強した。

経験と独学を積み重ねることによって、日本に対する固定観念や誤解は次第に消え去り、日本文化の深さと幅広さがわかるようになってきた。学ぶ気で見れば、吸収できることはいくらでもあった。のちにアメリカに戻って、楽しい時をすごしながらも、ずっと日本に呼ばれているような気がしていた。つまりは、すっかり魅了されたのだ。

日本の何が特別なのか？　ひと言で言えば、多くのものが同居していることだ。たとえば、食べ物（和食）は、見た目が美しく、栄養に富み、おいしい。ここでは、デザインとプレゼンテーションが重視される。顧客サービスの質の高さと「大切なお客様」に対する敬意は、世界でも類を見ない。そして、いたるところに対比がある。複雑と単純、現代性と伝統美、ハイテク・ツールと古来の風習……。

外国に住めば、たいてい心と視野が広がるものだが、日本のように、忍耐、強力、謙遜を重んじる太古の文化を有する国には、とりわけそれが当てはまる。日本は私に、あくせくした心を静め、ものごとを別の視点から見る方法を教えてくれた。

私はいま、家族とともに奈良の静かな田舎に建てた家に住んでいる。まわりには、石庭、竹林、神社や寺がある。私は日本文化の幅と奥行きに心から魅了され、その意匠、倹約、節度、環境と調和した暮らしから、日々さまざまなことを学んでいる。

伝統的な日本の芸術は、余白の力や、単純化と視覚的なヒントによって意味を強調することなどを教えてくれた。私はいま、それらの教えをプレゼンと自著のデザインに活かしている。

次の章の最後では、ガーによる日本の思想の応用例を少しくわしく紹介している。

9章 「プル技術」の使い方
ウェブ、ユーチューブ、SNSを自在に操る

筋肉の機能は引くことであり、押すことではない。ただし性器と舌を除く。
――レオナルド・ダ・ヴィンチ

「プッシュ」の技術が、あなたのストーリーを人々に届けるのに対し、「プル」の技術は、人々をあなたのストーリーに引きこむ。たとえばツイッターでは、一度に140文字しか書きこめないが、プルの技術を用いれば、大量の情報を提供することができる。この章では、あなたのウェブサイト、ブログ、フェイスブック、リンクトイン、あるいはユーチューブに人々を引きこみ、その注目を最大限活用する方法を説明しよう。

ウェブサイトとブログ

大量の情報を届け、商品を売り、サポートやダウンロードを提供するなら、ウェブサイトとブログに勝るものはないだろう。その魅力を最大化するためには、次のようなことができる。

●すぐれたコンテンツを提供する　当たりまえである。しかし、この当たりまえのことを企業はやり損ねている。役に立つか楽しいコンテンツがなければ、どんなサイトやブログも魅力に欠ける。すべての人に好かれるコンテンツである必要はないが、魅了したい顧客の心には響かなければならない。

●頻繁に更新する　魅力的なサイトやブログは、売りこみのストーリーをひとつ語ったらあとは変更されることのないパンフレットとはちがう。すぐれたコンテンツも、新しい材料をたびたび投入して更新しなければ、訪問者は戻ってこなくなる。理想的には、2～3日に1回はコンテンツを更新したいところだ。

●フラッシュは避ける　あなたは、自分のサイトを誰かが見たときに60秒の動画が流れたらクールだと考えるかもしれない。ページの開発者ならまちがいなくそう考える——つまり、世界でふたり、開発者のお母さんも入れれば3人はそう考えがちだ。でも、それはまちがっている。派手な演出やフラッシュは避けて、すぐにサイトに入れるようにすべきだ。そうでないと、せっかくの訪問者が途中で去ったり、二度と来なかったりする。

●速く動かす　誰だってすぐにアクセスしたい。せっかくホームページを訪ねても、ロードするのに長々と待たされればうんざりする。サイトやブログのロードに数秒以上かかったら、言いわけはできない。

●**グラフィックスや写真をちりばめる**　絵や写真や動画は、サイトやブログをより楽しく、魅力的にする。少なすぎるよりは多すぎるほうがいい（ただし、イントロのフラッシュは除く）。

●**FAQ（よくある質問）のページを作る**　FAQが好まれるのは、要点をずばりと語るからだ。あなたの素材についてもっとも多い質問を調べ、まとめて一箇所で答えれば、訪問者はあちこちで情報を探さないですむ。

●**会社案内のページを作る**　あなたの会社が何をし、なぜそれをしているのか。このことで訪問者を悩ませてはいけない。その類の情報はすべて「会社案内」のページで提供しよう。混乱と無視は「魅了」の敵である。

●**訪問者が見やすいように**　訪問者がめざすものをすみやかに提供できるように、サイトやブログ内は検索できるようにしよう。サイトマップもつければ、全体の構成が理解しやすくなる。

●**チームを紹介する**　名前や顔や魂のない組織とつき合いたい人はめったにいない。これを解決するには、適切な自己紹介のページを設けるといい。ニューヨークのデザイン工房〈Arc90〉のすばらしい例を参考にしてほしい（次ページ画像）。

●**さまざまなデバイスできれいに見られるように**　どんなデバイスを使ってアクセスしても、見映えがよいようにする。デスクトップやノートパソコン向けにデザインされたサイトは、携帯電

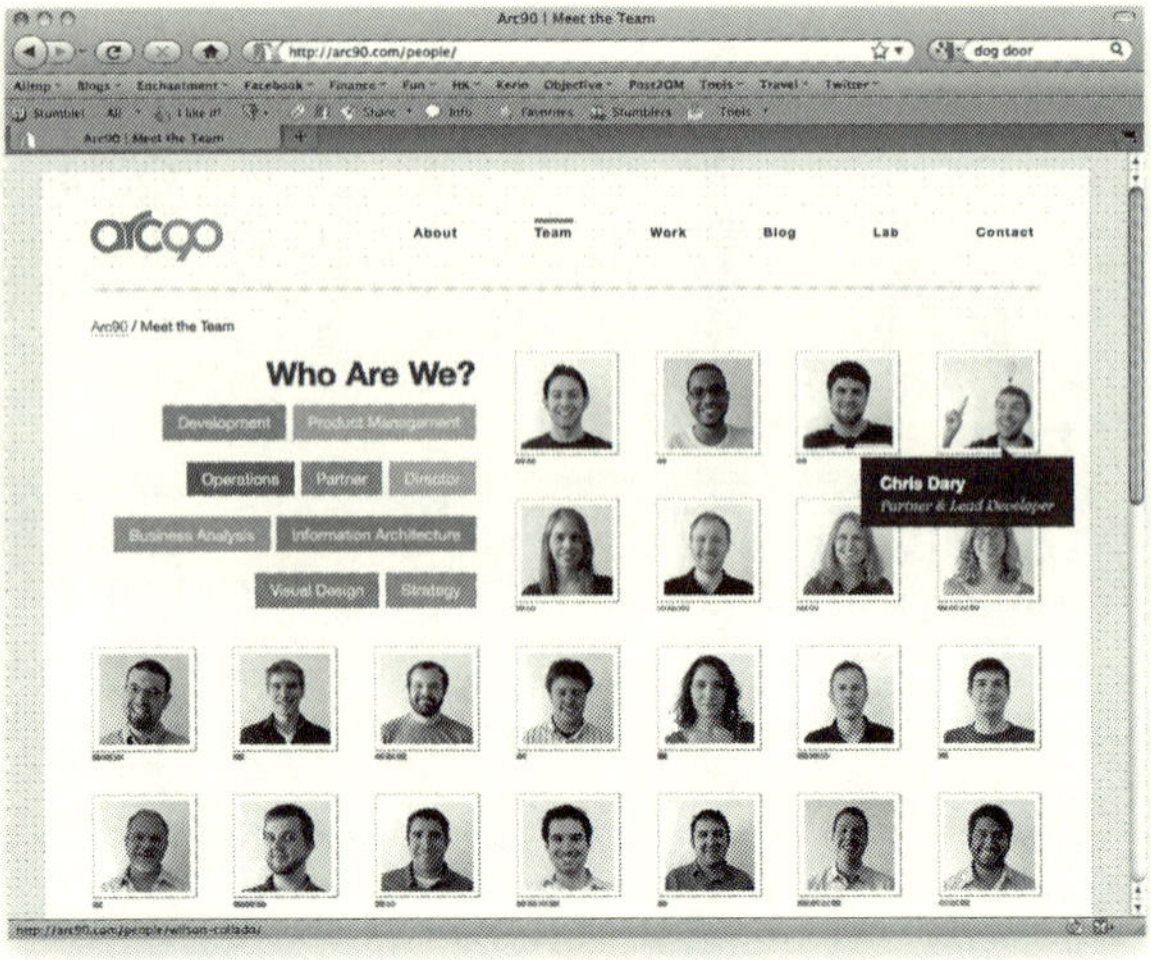

Arc90 のホームページから（http://arc90.com/people）

話やiPadではきれいに見えないことが多い。見る人のデバイスに合わせたバージョンを作るべきだ。

●**さまざまなアクセス方法を用意する**　人の好みはさまざまだ。ウェブサイトやブログが好きな人もいれば、RSSフィード、メールリスト、フェイスブックのページ、ツイッターの書きこみが好きな人もいる。人々を引き寄せるさまざまな手段を用意して、サイトでその選択肢を見つけやすいようにしたい。

これらの要件をほとんど満たしているのが、〈1000のすばらしいもの〉というサイトだ（次ページ画像）。制作者によるサイトの紹介は次のとおり。

私はニール・パスリチャ。2008年6

よくできた〈1000のすばらしいもの〉のサイト

月に〈1000のすばらしいもの〉を始めた無名の30歳です。そのときの目標は、毎日平日に、すばらしいものについてひとつ書くことでした。

ちょうどそのころ、人生がばらばらになりかけていました。親友が自殺し、妻とは別の道を進むことになったのです。家を売って小さなアパートメントに引っ越した私は、毎日ひとつ、みんなが共有できるシンプルで小さな喜びを話して、人生を立て直そうとしました――雪が降った日のこと、パン屋のにおいのこと、梱包材のプチプチをつぶす楽しみといったことを。

世界じゅうのインターネットの旅人が、最初からこのサイトをサポートしてくれ、友だちから友だちへと伝えてくれました。

新しく見てくれる人が増え、2年連続でベスト・ブログ賞を獲得し、出版の話もいただきました。

この春、*The Book of Awesome*（すばらしいものの書）があちこちの書店に並びます。

正直なところ、本当に信じられない気持ちです。放心状態で、圧倒されています。でも、何より皆さんに感謝したいと思います。

このサイトは、思わず微笑むようないい話を短く綴っている。たとえば、夕食に招待された人たちが、しなくていいと言われたのに皿を洗ったとか、ピザの縁のサクサクしたところが好きでない人が、ほかの人にそれをあげたとか。サイトのホームページを訪ねて、あなた自身が人々を魅了するときに役立ててほしい。

フェイスブック

この筋肉は会話のきっかけとして使っているにすぎない。ニューヨークの42丁目通りでチーターを散歩させている人のようにね。
——アーノルド・シュワルツェネッガー（元カリフォルニア州知事）

もしフェイスブックがひとつの国だったら、2010年の時点で、中国とインドに次いで世界

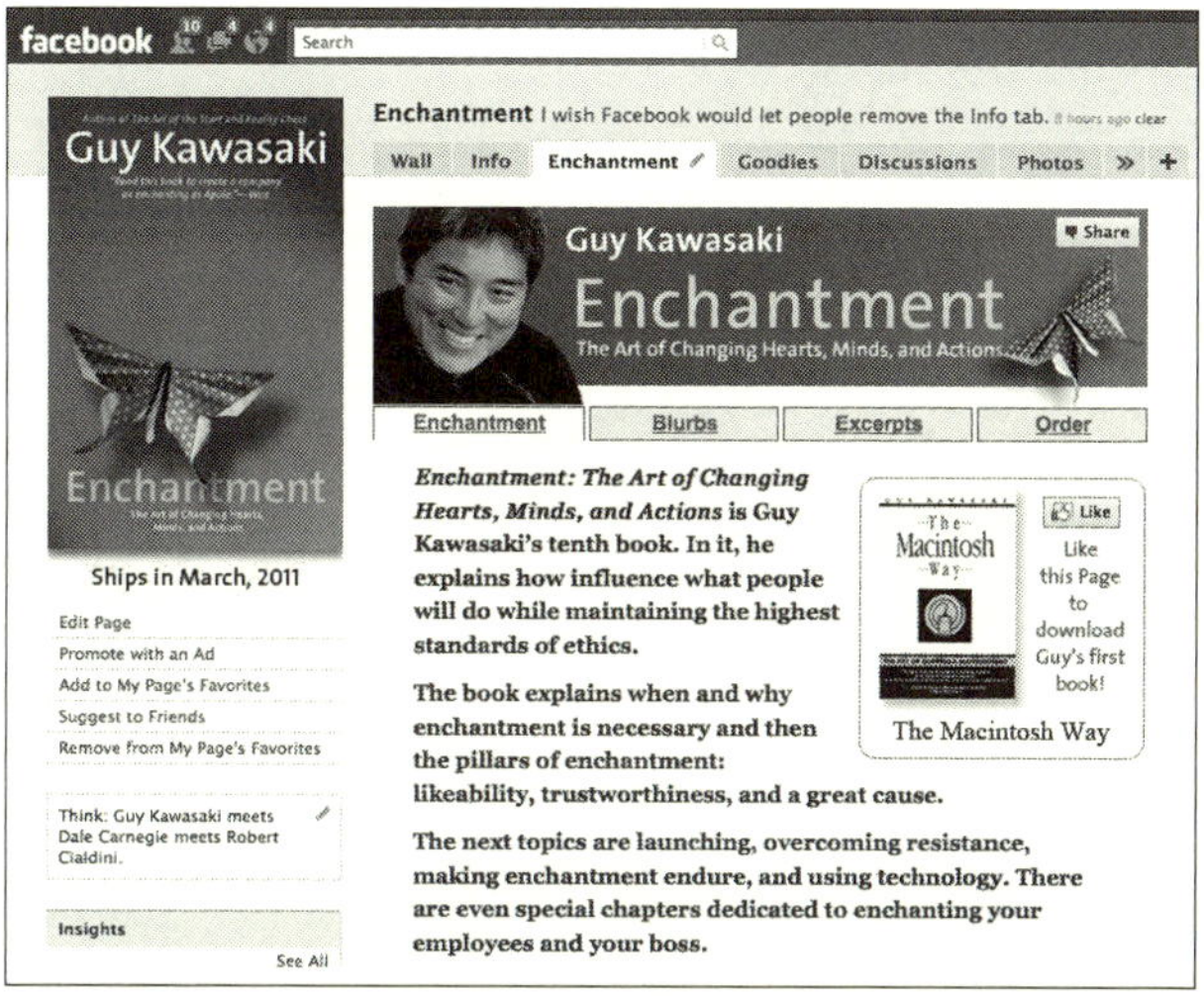

フェイスブックの『Enchantment』（本書の原題）ランディングページ。

第3位の人口を誇る。アメリカの人口より多いのだから、当然、フェイスブックの会員を魅了することは合理的であり、論理的だ。

この本が完成したとき、私は独自にウェブページを作るか、フェイスブックのファンページを作るかの選択を迫られたが、次のような理由から、フェイスブックを選んだ。

●フェイスブックの会員数は膨大で、この本に興味を持ってくれそうな人たちも含まれている。

●フェイスブックのファンページは手軽かつ安上がりに作ることができる。私は〈ハイパーアーツ・ウェブ・デザイン〉という会社に頼んで、約1750ドルでファンページを作ってもらった。

●フェイスブックのプラットフォームで、コメントの受付、写真や動画の投稿、その他の機能の共有ができる。すべて無料だ。
●フェイスブックのプラットフォームは、サードパーティのアプリケーションを受け入れる。プラットフォーム自体でできないことがあっても、たいてい安価か無料の別のアプリケーションを見つけることができる。
●独自のウェブページの場合、誰でもコメントを書きこむことができるが、身元はまったくわからない。一方、フェイスブックでコメントする会員は、比較的身元がはっきりしていて、はるかに現実の人物に近い。
●フェイスブックの「ライク（いいね）」とシェアの機能はすばらしい。これによって、人々があなたの素材を広く宣伝することができる。ファンページで彼らを魅了したあとは、ぜひその体験を広めてもらいたいものだ。

マリ・スミスは、『1日1時間で成功する！ Facebookマーケティング』（アスキー・メディアワークス）の共著者であり、*The Relationship Age* の筆頭著者であり、ファスト・カンパニー誌から「フェイスブックのハーメルンの笛吹き」と呼ばれた人だ。彼女の知恵を拝借して、フェイスブックで人々を魅了する方法を説明しよう。スミスは次のようなテクニックを用いる。

●**ファンページにランディングタブを加える**　フェイスブックのファンページでは、人々が最初に見る「タブ」を指定することができる。これは俗に「ウェルカム」ランディングタブと呼ばれ、グラフィックスやプロモーション用のテキスト、ときには動画メッセージでカスタマイズできる。このタブの目的はふたつある。第一に、初めての訪問者にあなたの存在を知らせ、概要を理解してもらうため。第二に、訪問者にアイデアを与え、ファンページに加わってもらい（「ライク」ボタン）、宣伝に協力してもらうためだ。

●**フレンド・リストを活用する**　友人を効率よく管理するために、とくに親しい人のリストを作る。これで毎日のニュースフィードが見やすくなり、「ライク」や「コメント」をすばやく返すことで大切な関係を育て、維持することができる。

●**プロフィールをビジネス上のネットワーキングに活用する**　自分のプロフィールを作成すれば、選抜された個人と友だちになり、彼らのウォールにコメントを残し、主要な関係を築くことができる。ただし、更新と投稿には気を配ること。誰があなたのコンテンツを読んでいるかわからないからだ。

●**@タグを戦略的に使う**　（プロフィールかファンページで）更新またはウォール投稿するたびに、友だち、ファンページ、イベント、グループを指定する「@タグ」を6つまで使うことができきる。@タグで感謝し、同意し、魅了しよう。

●ファンに自己宣伝の場を提供する　ファンを尊重し、スパム投稿を最小限にするために、「ディスカッション」タブをファン独自のフォーラムとして使ってもらおう。投稿の方法と場所を指定するのだ。たとえば、マリ・スミスは、ファンがツイッターのアカウントを宣伝できる人気の高いスレッドを、長期にわたって運営している。

●ファンの投稿にはすばやく、パーソナルに答える　効果的な引きこみ戦略として、ファンのコメントや質問にはすぐに答えよう（これにはチームの支援が必要かもしれない）。その際には、内容をパーソナル化し、くだけた感じを出すためにファーストネームで呼びかける。

●ファンを驚かす　ときどき「ファンページ・フライデー」とか「ブログをシェアする日」などを設けて、ファンページに大きな刺激を与えよう。ファン全員に呼びかけて、あなたのウォール上でみんなのリンクをシェアするのだ。そうすれば、ウォール投稿があるたびにフェイスブック全体であなたのページが見られ、クチコミ的に広がることになる！

●特別なギフトを贈る　フェイスブックのアプリケーションを使って、ファンページ上のタブや左コラムのアイテム（たとえば、申込者にニュースレターを送るオプトイン・ボックス）など独自のコンテンツを加えよう。価値のあるものを無料ダウンロードでファンに提供すれば、あなたのメールの宛先は増え、ファンにメールを送れば、さらなる関係を築くことができる。

●ファンとライブでチャットする　ときどきあなたとライブで交流できれば、ファンはきっと大喜びする。Vpype や Ustream のアプリケーションを使って、ライブ動画を流し、ファンとチャットなどで交流しよう。リアルタイムのチャットを楽しむために、専用アプリケーションを試すのもよい。魅力的なライブの要素はファンを喜ばせ、あなたをフェイスブックで目立つ存在にしてくれる。

●ファンに商品やコンテンツの制作を手伝ってもらう　新商品を作るとき、新しいブログのアイデアを探しているときなどに、フェイスブック上のファンに声をかけて協力してもらう。これは「クラウドソーシング」と呼ばれる。コンテストをしてもいい。フェイスブックでコンテストをするなら、ワイルドファイアのアプリケーション（Wildfireapp.com）が便利だ。

会員数がほとんどの国の人口より多いフェイスブックは、強力な魅了の手段になる。とはいっても、フェイスブックで人々を魅了するには、マス市場向けではなく、パーソナル化した、堅苦しくないテクニックが必要になる。人々をうまく魅了したい人にとって、フェイスブックは、たくさんのものを構築できる強力な武器である。

リンクトイン

ごく単純に言えば、フェイスブックは「見せる」ため、リンクトインは「稼ぐ」ためのものだ。ほとんどの人は、フェイスブックは社交として使い（マリ・スミスひとりでこの状況を変えてしまうかもしれないが）、ビジネス上のコネクション作りか職探しにはリンクトインを使っている。人々を最大限魅了するには、両方のサービスの上手な使い分けが必要だ。

【すぐれたプロフィールを作る】

リンクトインを「魅了」のツールとして使うときの出発点は、プロフィールを完成させることだ。

勤めている会社や学歴といった基本情報を登録するだけでは、リンクトインの潜在能力をフルに活かしているとは言えない。学歴、職歴、所属団体、参加している活動など、これまでの人生の主要な要素をすべてプロフィールに含めよう。これによって、あなたはよりよく見え、コネクション作りがはかどる（本書の執筆にあたって、私のリンクトインのプロフィールを見てみたら期限切れになっていた！　そこでもうひとつの教訓――コネクションを最大化するために、プロフィールの更新を忘れないこと）。

［見えるように］

いまより多くの人に見つけてもらい、コネクションを作る方法がさらにふたつある。ひとつ目は〈リンクトイン・アンサーズ〉の活動に加わること。これは会員が互いに質疑応答するセクションだ。リンクトインは、マネジメント、マーケティングおよび販売、テクノロジー、国際分野などのトピックで質問を分類している。すぐれた答えを返し、すぐれた質問をすれば、星のように輝くことができる。

ふたつ目は、リンクトインのグループに加わることだ。ディレクトリーには、関心を同じくするグループが何千とある（たとえば、イベント企画についてだけでも300以上）。グループに加入したら、議論に参加してあなたが見えるようにし、そのグループの情報の流れをとらえよう。

［手を伸ばす］

ここまでは、リンクトインの「プル」の機能を最大限活用する方法に注目してきた。すなわち、あなたが見えるようにし、あなたを見つけやすくすることだ。リンクトインの残り半分の価値は、人々に連絡し、彼らの関心について学び、評判を確認し、組織の内部情報を得ることにある。具体的には次のとおり。

●**名前で検索する**　もっとも単純な検索は、人名を入れることだ。もしその人がリンクトインの会員なら、本人のプロフィールと、彼とつながりのある人を確認することができる。あなたもその人たちをすでに知っているかもしれない。リンクトインで共通の知り合いを見つけたことが、相手とつながるきっかけになるかもしれない。

●**会社名で検索する**　会社とコネクションを作りたいが、そこで働く人を誰も知らない場合、リンクトインで社名を検索して従業員のプロフィールを確認すると、あなたとその会社の共通のコネクションがわかる。

●**共通の関心を見つける**　リンクトインで人を見つけたら、彼らの関心と経歴を知ることができる（彼らが自分のプロフィールに記入していれば）。同じ学校に通った、同じ会社で働いた、同じスポーツをしている、同じ人と交流がある、といったことがわかれば、その人にメールを送ったり、初めて会ったりするときでも、すぐに気心が知れるだろう。

●**人々の評判を確認する**　賢明な求職者は、ポジティブなことを書いてくれる人に紹介状を依頼する。しかし、リンクトインを使えば、求職者といまいっしょに働いている人を探して評価を訊くというように、客観的な観点でその人を見ることができる。また、リンクトインは、あなた自身が新しい仕事を探しているときにも使える。将来の上司といま働いている人を見つけ、その上司が優秀なマネジャーかどうかを尋ねるのだ。

●会社をよく調べる　リンクトインは、社内の傾向に関する情報も提供する。たとえば、その会社の経営層にはハーバード・ビジネススクールのＭＢＡ取得者や、アイビーリーグの卒業生が多い、といったことだ。そこの従業員がその会社からライバル会社に転職しているから、働くならむしろライバル会社のほうがよさそうだ、といったこともわかる。リンクトインの用途は、いっしょに働いたり商品を売りこんだりしたい人（会社）への連絡に限定しないことだ。競争相手、パートナー、ベンダーを調べるのに使ってもいい。そうした会社について知りすぎるということはない。

●新しい職場になじむ　新しい職場に入ったときに、同僚を魅了する強力な方法、それはリンクトインを使って彼らについて調べることだ。それだけで、知らない人と関係を築くのがずっと簡単になるだろう。

要するに、リンクトインはおそるべき「魅了」のツールなのだ。人を見つけ、コネクションを作り、ともに夢中になるものを探し出し、相手の評判まで確認することができるのだから。

ユーチューブ

グレッグ・ジャーボーは、〈ＳＥＯ－ＰＲ〉の共同創設者兼社長で、*YouTube and Video Marketing*

の著者である。いわば、「ユーチューブのマリ・スミス」といったところだ（あるいは、マリ・スミスが「フェイスブックのグレッグ・ジャーボー」か）。私はユーチューブの専門家ではないので、これを活用して人を魅了する方法を彼に尋ねてみた。そのおもな特徴は次の４つだ。

●**インスピレーション**　ユーチューブは、見ていると元気が出るような、勇気あるストーリーを何千も紹介している。たとえば、『Jake Olson: A True Inspiration』。

●**エンターテインメント**　ただたんに大笑いしてしまう動画もある。たとえば、『Re: @guykawasaki｜Old Spice』や『United Breaks Guitars』。

●**啓発**　ＰＢＳ（公共放送サービス）やディスカバリーチャンネルで見るようなドキュメンタリーもある。たとえば、『Worse Than War｜Full-length documentary｜PBS』

●**教育**　何かのやり方や、商品の使い方を教える教育的な動画もある。たとえば、『How to Fold a T-shirt in 2 seconds』

重要なポイントをひとつ。企業ではしばしば「クチコミで広がる動画」の制作を目標にする。たとえば、右にあげた〈オールド・スパイス〉のように、ほんの数日で何百万という人が見る動画だ。そのために広告会社が作った高価な動画もある。

けれども、それを目標にするのはまちがいだ。動画がクチコミで広がるかどうかは運まかせである。「運まかせ」はすぐれた戦略ではない。目標にすべきは、インスピレーションやエンターテインメント、啓発、教育のもとになる動画を安定的に提供し、時間をかけて人々を魅了することだ。

【短くする】

ジャーボーには、「人気が高い動画は短い」ということも教わった。「あなたを放送しよう」がユーチューブの宣伝文句だが、ユーチューブは放送メディアではない。正しくは「世界でいちばん人気のあるオンライン動画コミュニティ」だ。

2010年9月、〈ビジブル・メジャーズ〉で働く私の友人たちが、5分以内の短い動画を、4000万以上（合計70億ビュー）分析した。すると、19・4パーセントの視聴者が、最初の10秒で見るのをやめていることがわかった。また、44パーセントが60秒以内にやめていた。

この発見は、ユーチューブの魅力的な動画がたいてい短い理由を説明している。『Charlie Bit My Finger? Again!』や『Evian Roller Babies』といった人気の動画がわずか1分ほどなのもうなずける。

ここから学ぶべきことは、もうひとつある。見つづけるかやめるかの決断が最初の10秒でなさ

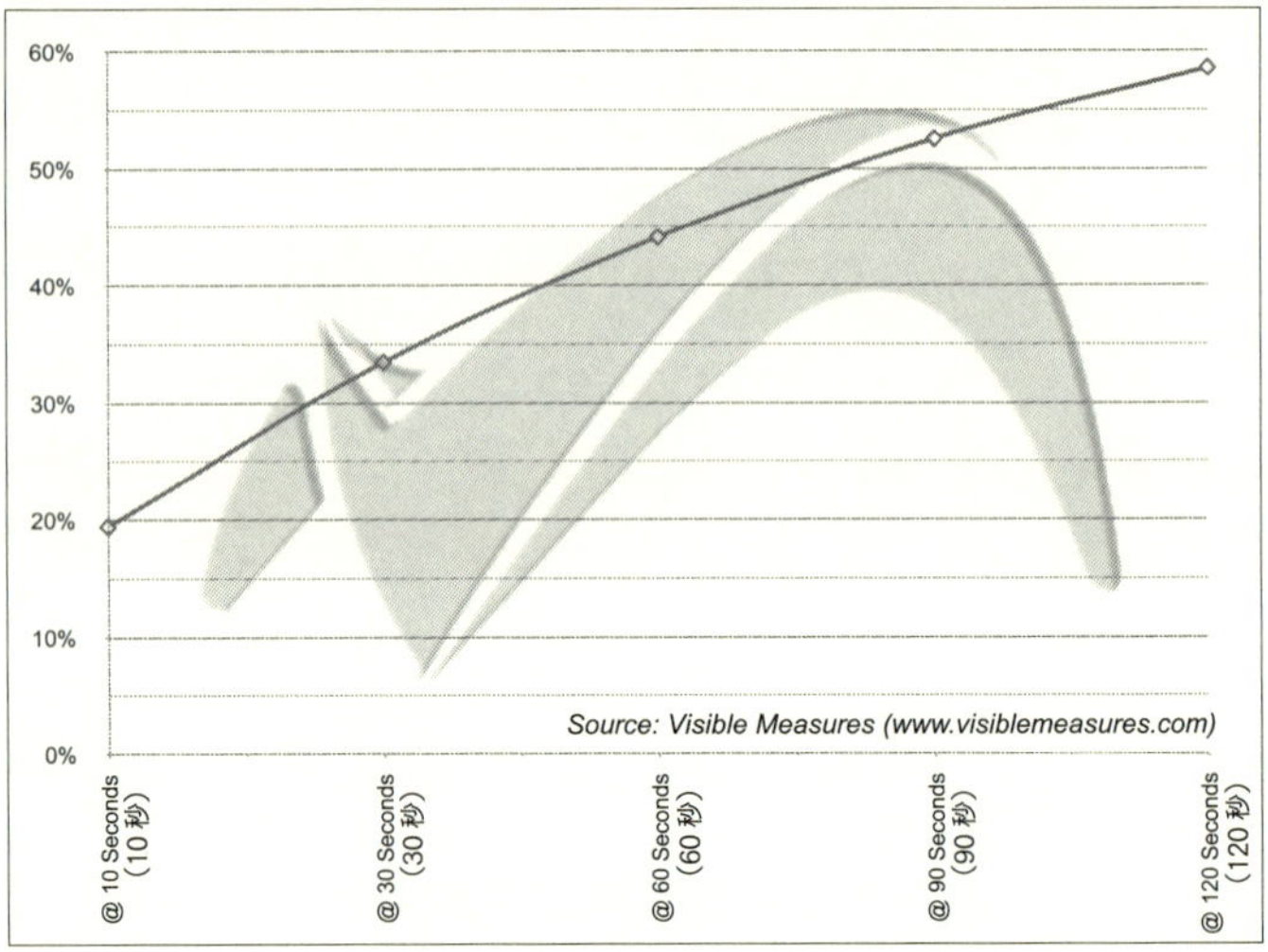

20％弱の人は、最初の10秒で見るのをやめる

れる以上、すぐに本題に入らなければならないということだ。10秒で魅了できなければ、永遠に魅了できない。ゆっくり動きだして、1分ほどでようやくおもしろくなるような動画は作らないこと。そのころにはもう多くの人が見ていない。

〈インサイト〉のタブを見れば、視聴者のパターンがわかる。レポートには、あなたの動画のビュー数と、視聴者の分布状況が示されている。ドキュメンタリーはこのルールに当てはまらないが、データから読み取れることは明らかだ——「動画は短く、楽しく、いきなり本題に」。

［発見、シェア、アイデンティティを育てる］

4つの特徴を含んだコンテンツを短くまとめたあと、ユーチューブで人々を魅了するためにやるべきことは3つだ。

第一に、自分の動画を見つけてもらうこと。ユーチューブで検索する人の数は、グーグルに次いで多いのをご存じだろうか。見つけてもらうためのポイントは次のとおり。

●**キーワード**　関連性の高いキーワードを入れることで、興味のある人の画面にあなたの動画が現れやすくなる。キーワードを選ぶときには、ユーチューブのプルダウンメニューにある自動入力のことばを見よう。ほかの人が似たようなコンテンツで使っているキーワードを調べ、それと同じものを使うのだ。ユーチューブのキーワードの提案ツールを使うのもいい。さらには、〈インサイト〉のディスカバリー・タブを使って、検索者があなたの動画を見つけるときに使うキーワードを調べることもできる。

●**タイトル、説明、タグ**　新しいキーワードのアイデアが得られたら、そのことばをタイトル、説明、タグにかならず含める。これで、人々の検索結果や「関連動画」にあなたの動画が表示されやすくなる。タイトルにブランド名を入れたいなら、つねに最後に持ってくること。説明とタグはできるだけ念入りに。

●**サムネール**　ユーチューブが動画を取り入れると、サムネールが3つ作られるが、そのうちのひとつが動画を代表するサムネールになる。グレイル・ナイトがインディ・ジョーンズに言ったように、「選ばなければならないが、賢明に選ぶことだ」。どのサムネールがもっとも魅力的か考えよう。性的、暴力的、またはグラフィックスのサムネールを設定すると、ユーチューブのほうで動画へのアクセスを制限するかもしれないので注意が必要だ。

魅了するためにやるべきことの第二は、できるだけ幅広く、多くの人々にあなたの動画をシェアしてもらうことだ。ユーチューブはそのために3つの強力な方法を提供している。①ほかのウェブサイトやブログに動画をはめこめる、②フェイスブックやツイッターの更新で動画のリンクをシェアできる、③Eメールで動画のリンクを知らせることができる。

そしてやるべきことの第三は、ユーチューブでファンを育て、信用を築くこと。どちらもあなたの動画を見る人を増やすことに役立つ。これをなしとげるには、ほかの人の動画に、思慮深いか、便利か、楽しいコメントを残し、ユーチューブのグループに加わるのがいちばんだ。あなたが見えてくれれば、あなたの動画を見にくる人も増える。

最後にもうひとつ。ユーチューブのチャンネルで〈グーグル・モデレーター〉を使う手もある。グーグル・モデレーターは、あらゆるトピックについてアイデアや質問を募集するソーシャルプラットフォームだ。コミュニティが投票をおこなって、いちばんすぐれたものをリアルタイムで選ぶ。たとえば、ニューヨーク・タイムズのニック・クリストフは、このモデレーターを使って、自分の世界旅行に関する質問を受けつけている。

日本的に考えよう

ガー・レイノルズの著作『プレゼンテーションzen』(ピアソン桐原)には、日本の美の原則が10項目あげられている。ここでもそれを紹介しておこう。この日本の知恵が、テクノロジーの利用効果を高めてくれるからだ。

- **簡素** 乱雑さを排し、ものごとをすっきりとシンプルに表現する。プレゼン、ウェブサイトやブログ、メール、ツイート、フェイスブック、リンクトインから、くだらない内容を減らそう。
- **不均整** 非対称や不規則性を使って均衡を生み出す。ウェブサイトやプレゼンで非対称の写真を用いてみよう。「三分の一の法則」を検索して、写真における非対称の力を学ぼう。
- **渋い** 控えめに表現し、くわしく述べすぎない。あらゆるコミュニケーションにおいて、押しつけがましいアプローチをとらないこと。
- **自然** 無用の装飾や人為的なものを用いず、ありのままを描写する。ウェブサイトのコンテンツのユーザーインターフェイスをシンプルにし、派手なイントロ動画をやめよう。
- **幽玄** 明確なものより、微妙で象徴的なほのめかしを用いる。非の打ちどころのない(けれども、往々にして退屈な）プレゼンではなく、人々の魂に訴えるプレゼンをめざそう。

●**脱俗**　習慣、形式、慣例を超越する。古臭い箇条書きでストーリーを語るのをやめ、刺激的な画像やかっこいい図を使ってみよう。あるいは、いっそ初めからパワーポイントもキーノートも使わない。

●**静寂**　心の落ち着きと、エネルギーに満ちた静けさを実現する。ブログやウェブサイトから騒々しくて不快な要素は取り去る。

●**和**　調和とバランスを体現し、自己主張を抑える。顧客、従業員、株主の要求を、ウィン・ウインの、より大きなパイを焼くアプローチに融合させよう。

●**間**《ま》　何もない状態、うつろな空間、または沈黙を与えて、焦点を作り出す。スライドからけばけばしさを取り除く。プレゼン、ウェブサイト、ブログに何もないスペースを増やそう。

●**余白の美**　暗示、言われないこと、表現されないことの美を認識する。人を魅了しようと奮闘しすぎてはいけない。

　そして、私からもうひとつ日本語の追加を。

●**あほらしいたけ**　名詞。嘘を広めた結果、生じるもの。まちがい。根拠もないのに厚かましく提示された結論。

「魅了された」ストーリー⑨

メリル・K・エバンズは、テキサス州プレイノに住む、フリーランスの著作家だ。ここでは、クローズド・キャプション・デコーダー〔訳注：英語字幕表示機〕をつけたテレビ（プッシュ技術！）が、まったく新しい魅力的なエンターテインメントの世界を広げたことを語ってくれた。

私が子供のころ、両親は私がテレビを観すぎるのを心配する必要がなかった。生まれつき耳が聞こえず、テレビの出演者の唇を読むこともできなかったからだ。アニメやセサミ・ストリートは楽しんだが、ふだんはスポーツに夢中で、ほとんど家にいなかった。

ビデオデッキ2台分よりも大きな機械を受け取ったのは、1983年のことだ。それが最初のデコーダーだった。字幕が出るのはまだ10番組に満たず、画面に現れることばが誰のものかを理解するのにも、いくらか努力を要したが、このデコーダーのおかげで、私はジェームズ・ボンドを知った。決めゼリフがすべてわかり、敵がいま何を企んでいるかもわかるようになった。「いまあの人はなんて言ったの？　何が起きたの？」と家族に訊かなくてもよくなった。

そうして、『ダイナスティ』のキャリントン一家とめぐり会った。生まれて初めて、テレビ番組で次回が待ち遠しくて1週間苦しむという経験を味わった。8学年でいっしょに英語の授業をとった親友が、やはりこのドラマのファンで、私たちはしきりに番組のことを話した。テレビ番組について誰かと楽しくおしゃべりするのは、これが初めてだった。

両親はミュージカルにも連れていってくれたが、ある年の6月、トニー賞の授賞式の番組に字幕がついた。それまで夢にも思わなかったことだ。それからの私は、トニー賞の授賞式や、パレス・ホテルでのアカデミー賞記念パーティといった特別番組で、たくさんの歌を憶えた。それもこれも、字幕のおかげで曲と歌詞を同時に追えるようになったからだ。

10章 従業員を魅了する

愛する仕事があれば、われらは早々に起き、喜びとともに取りかかるのだ。
――シェイクスピア

日本語の単語をもうひとつ――「ばかたれ」。これは、愚か、思慮がないという意味だが、上司に魅了されていない従業員が顧客を魅了できると思っている場合にも、まさにぴったりのことばだ。この章では、チームのメンバーを魅了する方法を説明しよう。そうなったとき初めて、メンバーたちは顧客を魅了できる。

MAPを与える

直感に反するかもしれないが、多くの場合、お金は仕事を愛する唯一の動機ではないし、主要な動機ですらない。

人のモチベーションを高めるということは、自動販売機か何かのようにお金を与えれば結果が出てくるといった単純なものではない。従業員にはお金より、専門的技能《マスタリー》（M）と、自主性《オートノミー》（A）と、目的《パーパス》（P）を与えるほうが重要だ。

専門的技能　人はみな自分のスキルや能力を高めたい。それでもっと稼ぎたいということもあるかもしれないが、多くは興味のある分野で純粋に上達したいのだ。1日8時間を費やして嫌な思いをしたい人間がどこにいるだろう。

自主性　ここでいう自主性とは、上層部から何をしろ、どんなふうにしろ、といちいち指示されないということだ。人々が自主的に働ける組織には、経営陣が従業員の能力を認めて信頼しているという信念が浸透している。あとは目標を定め、従業員の仕事の邪魔をしないだけだ。

目的　これは3つのなかでいちばん重要な要素で、組織が作り出す意味、すなわち、組織がどうやって世界をよりよい場所にするかということを指す。

〈フェデックス〉の目的は、顧客が確実に何かをどこかに届けたいときに、安心してもらえること。〈ターゲット〉の目的は、デザインを民主化すること。〈イーベイ〉の目的は、取引を民主化すること。大きな目的を達成すれば、従業員の満足はいちだんと増す。

もちろん、専門的技能、自主性、目的さえ与えれば給料は少なくていいというわけではない。

給料が少なすぎれば、その人の価値をたいして評価していないというメッセージになってしまう。適切な給料を支払い、彼らにＭＡＰを実現してもらうこと。これであなたも従業員を魅了できるだろう。

正しいことをする権限を

ルール１：お客様はつねに正しい。
ルール２：疑わしいときには、ルール１に立ち返ること。
――〈ハイマンズ・シーフード〉の社是

最高の従業員は、顧客に奉仕し、顧客を喜ばせたいと思う。この態度こそが、すぐれた従業員の証明である。それは彼らの仕事が何かをクリエイトすることであろうと、製作、配送、販売、支援、改善することであろうと同じだ。

彼らは心を配る。それも真剣に。金銭だけが動機ではない。顧客を手伝って、ハッピーになってもらうことが重要なのだ。残念なのは、組織が従業員にそうさせないことである。何かを「得る」ことに向かうのではなく、「失う」ことを防ぐ方針のために、知らず知らずのうちに、従業員が顧客にとってベストの行動をとるのを妨げていたりする。

従業員を魅了するのは簡単だ。顧客にとって正しいことをする権限を与えるのだ。従業員を信頼し、責任ある決定ができるようにする（まさに「自主性」）。そして、あなたの組織の存在理由を世に示してもらうのだ（まさに「目的」）。

従業員が顧客を喜ばせることのできる環境を作れなければ、魅了とは逆のことが起きる。従業員は自分がいい仕事をしていると思えなくなり、不満を持った顧客に責められることになる。つまり、従業員に正しいことをしてもらえば、彼らを魅了できる。そして、魅了された従業員は、顧客を魅了してくれる。

自分は結果で、他者は意図で評価する

人はよく、自分のことは「意図」で評価し、他人のことは「結果」で評価する。「私は販売ノルマを達成するつもりだったが、きみがそれに失敗した」というふうに。そんなときは、自分の成績には問題がなく、他人の成績にばかり不充分なところが見つかる。

従業員を魅了したいなら、これを逆にしなければならない。すなわち、自分の評価には「結果」を、他人の評価には「意図」を。他人より自分に厳しい態度をとり、「少なくとも彼の意図はよかった」と理解ある態度を示すのが正解だ。

もちろん、長期にわたってひどい結果を出しつづけている人まで意図で評価するわけにはいかないが、その人はそもそもあなたが雇ったのかもしれないし、まちがった訓練を受けたのかもし

れない。少なくとも、他人の「結果」を見るときには、自分の「結果」と比較して判断することだ。疑わしいところを自分だけに有利に解釈してはならない。

ちなみにこれは、あなたの「結果」とあなたの奥さん（旦那さん）の「意図」を評価するうえでも、きわめて有効だ。あなたの配偶者の欠点には、きわめてまっとうな理由があることがとても多い。

まず「あなたの」欠点から

われわれがマネジメントと呼ぶものの大半は、従業員が働くのをむずかしくする。

——ピーター・ドラッカー

自己批判についてもう少し言えば、従業員があなたの欠点はどこにあると考えているかも積極的に調査すべきだ。そして、彼らとの勤務評定の話し合いでは、まずあなたの欠点が彼らの成績に与えている影響から話しはじめるのだ。

そう、あなたの欠点がメンバーの欠点の原因になっていることもある。マネジャーが誰かをクビにしなければならなくなったら、会社はそのマネジャーもクビにすべきである、と言われるゆえんだ。状況がそこまで悪化するまえに手を打たなければならない。

この自己批判の戦略をとれる人は、悪い結果の責任を引き受けられる人であり、マネジャーとして進化する人だ。重要なのは、そうして立派な例を示せば、従業員の進化をうながせるということだ。そのとき従業員は、「怖れる」のではなく「力づけられる」。従業員は怖れでは魅了されない。力づけられることで魅了されるのだ。

考えてみてほしい。あなたは、「私はもっとしっかりマネジメントすべきだった」ということばで始まる勤務評定を一度でもされたことがあるだろうか？　まず自分をきちんと批判するところから始めれば、まちがった方向に進むことはめったにない。

辛抱する

「辛抱する《サック・イット・アップ》」を〈アーバン・ディクショナリー〉で引くと、「精神的、肉体的、感情的に困難な時期を、不平を言わずに耐えること」とある。

人生ではときに、辛抱して困難に立ち向かわなければならないこともある。偉大な人はみなそうしている。だが、それには見返りのボーナスもある。いっしょに働く人々を魅了することができるのだ。

スティーブン・J・キャネルは、『ロックフォードの事件メモ』、『特攻野郎Aチーム』、『Wiseguy』、『21ジャンプ・ストリート』、『絹の疑惑』、『ザ・コミッシュ』など、数多くのテレビドラマシリーズにたずさわった人物だが、彼の語るジェームズ・ガーナーの話は、辛抱の典型だ。

私はテレビドラマで、あまりできのよくない台本を何度かジム（ジェームズ）に送ったことがある。そんなとき、ジムのほうからは決して連絡がなかった。長年いっしょに仕事をしているほかの俳優たちなら、たいてい電話をかけてきて、「なあ、これはあまりいいホンじゃないね。ここをこうして、ああして……」などと言う。けれども、ジムからはひと言もない。つねにそのまま演じた。だから私は、ジムには台本の良し悪しがあまりわからないのだろうと思うようになっていた。

ところが、だ。あるシーズン終了の打ち上げパーティで、できの悪かった台本が話題になったとき、ジムが私に人差し指を振ってこう言った。「きみの最高の台本じゃなかったな、スティーブ」

そこで私は言った。「そうかもしれない。でも、ひとつ質問がある。あなたは台本が気に入らないとき、どうして私に連絡してこないんです？」

答えはこうだった。「私はきみを信頼しているからさ。ファニタ（バートレット）やデイビッド（チェイス）のことも信頼している。まえほどよくない台本が送られてきたとしたら、それはたぶん、その週とても忙しかったからだろう。でも、それなりに精いっぱいやった仕事だったはずだ。そんな状態のときにきみたちを振りまわして無理やり書き直させても、まずい台本が1冊から4冊に増えるだけだ。つまり、そんなときこそ俳優が張りきって、抜群の演技を見せなければならない。われわれの力で台本をカバーするんだ。紙の上に楽しみが見出せないときには、内面を駆り立てて、自分が楽しいものにする。それほどいいストーリーでないってことを、観ている人に悟らせないようにするんだ」

これには本当に驚いた。なんというプロ意識！　おまけにジムの言うことは図星だった。これまで、そうやって俳優に振りまわされることがしょっちゅうあったのだ。「台本のできが本来のレベルより低いとわかっても、なんとかやりすごして、翌週にもっといいものを作ろうじゃないか。22回すべてを傑作にすることは不可能だ」――シリーズもののテレビ番組を制作する人なら誰でもそう言うだろう。さほどよくない回も、かならず何本かはあるものなのだ。

ジムはこうも言ってくれた。「でも、これまで悪いのが二度続いたことはなかったよ」

おわかりだろうか？　これにつけ加えることはない。

アクション	あなたはやる？	従業員にやらせる？
地球上のどこへ行くにも、 飛行機はエコノミークラス		
すべてのメールに返信する		
定時より早く出社して、 遅く退社する		
ゴミ箱を空《から》にする		
コピーをとる		

自分がやらないことを従業員にやらせない

あなたのマネジメントの指針となる原則がひとつあるとしたら、それは「自分がやらないことをほかの人にやらせない」だ。これ以上にあなたに対する信頼とロイヤルティを高める原則はない。

現状をチェックするために、上の表に書きこんでみよう。

ここでのポイントは、すべての仕事を楽しいものにしろということではない。そんなのは現実離れしている。自分で汚れ仕事をしろということでもない。「従業員の気持ちに寄り添っていっしょに働けば、魅力が増す」ということだ。

成功を祝う

ひとつの勝利は100の敗北を跳ね返すことができる。だから成功を祝うことは、従業員を魅了する有力な方法となる。個人の成功よりチームの成功を強調し、メンバー全員を褒めたたえれば、いっそう効果があがる。*How YOU Are Like Shampoo* の著者ブレンダ・ベンスによれば、成功を祝うことには次のような効果がある。
- 従業員がもっと熱心に働きたくなる。
- 共通の目標に向けて、チームがひとつにまとまる。
- 従業員の気持ちを、成功を祝うことに向けて高めることができる。
- 組織が重視する目標を従業員に伝えられる。
- 具体的な進歩を示すことによって、ビジネスに勢いが生まれる。
- 成功している組織で働いていることを従業員に印象づけられる。
ただし、祝いごとに関して注意すべきことがひとつある。好業績が続くと、豪華なホテルに有名なエンターテイナーを呼んだりして、盛大な祝賀パーティを開きたい誘惑に駆られるが、それは金の無駄だ。従業員にむしろ悪いメッセージを伝える。効果のあることばは「楽しい」や「かっこいい」であって、「派手な」や「圧倒される」ではない。

ノースカロライナ州立大学のインダストリアル・エクステンション・サービスでは、地域内で

Gary Rinehart

「製造業にやれること」ツアー

10億ドルの経済価値を生み出すことをめざしていたが、それを達成したとき、州全体の製造業者をめぐるバスツアーを実施した。こういうのを魅力的な祝い方という。

「製造業にやれること」と題されたそのツアーで、大学の人々は立ち寄った製造業者から商品のサンプルを集め、州知事に届けた。それらは州の職員にとって楽しい贈り物になっただけでなく、訪問先の会社の従業員にも利益をもたらした。

反論する人を見つける

まず歴史を少々。１５８７年から１９８３年まで、カトリック教会はある人物を聖人として認めるまえに、その人の問題点を見つけて異を唱える人々をわざわざ指名していた。「アドボカトゥス・ディアボリ」、すなわち列聖調査審問検事である。

ところが、ヨハネ・パウロ二世の着座でこの慣行がなくなると、列聖者の数が爆発的に増え、ヨハネ・パウロ二世の在位中になんと500人が聖人になった。それまでの20世紀の聖人は全員合わせても98人だったのに、だ。

会社の決定を「神聖視」して不可侵と見なすことに反論する人が、組織のなかでは不可欠だ。彼らは、具体的に次のような役割を果たす。

●**素材を改善する**　組織が強くなるためには、何がうまくいっていないのかを知る必要がある。強い組織は強い素材を作り出し、強い素材は従業員にとって（顧客にとっても）魅力的だ。

●**ボートを揺らしてもかまわないことを示す**　反論する人が存在するということは、経営陣が反対意見や別の視点を認めているということだ。これによって従業員のあいだに批判的な思考法が養われる。

●**内部のコミュニケーションを促進する**　反論する人は、問題点や不満を抱える従業員が連絡をとって話し合う際の「要《かなめ》の人物」になりうる。反論する人がいることで、ほかの組織ではタブー視されがちな考えについても話し合っていいのだとわかる。

あなたの素材や組織を改善する取り組みは、なんであれ職場生活を向上させるし、従業員を魅了することにもなる。だから私は反論する人を歓迎する。

ロバートに学ぶ

スタンフォード大学の教授で、*Good Boss, Bad Boss* の著者でもあるロバート・サットンは、すぐれた上司の信念を12項目にまとめている。言い換えれば、すぐれた上司の「マニフェスト」だ。

①私は、上司であっても完璧ではない。
②私の成功、すなわち部下の成功の大半は、わかりやすく平凡な仕事をきちんとこなすことで生まれる。漠然とした、魔法のような、あるいは飛躍的なアイデアから生まれるのではない。
③野心的で明確な目標を持つことは大切だが、そのことについて考えすぎるのは無益だ。私の仕事は、部下が日々少しずつ進歩できるよう、小さな成功に集中することだ。
④もっとも重要でもっともむずかしい仕事のひとつは、積極性が強すぎることと弱すぎることとの間で微妙なバランスをとることである。
⑤私の仕事は、人間の盾として部下を外からの侵略や邪魔立てやあらゆる種類の愚かさから守ること。そして、自分の愚かさを部下に押しつけないことだ。

⑥まわりから業務の責任者と認められるだけの自信と、まちがいを犯すこともあると自覚できるだけの謙虚さを身につけるよう努力する。

⑦正しいときには闘い、まちがったときには耳を傾ける。そして部下にも同じ行動を教える。

⑧私のリーダーシップ（そして私の組織）を試す最良の方法のひとつは、「誰かがまちがいを犯したときに何が起きるか」だ。

⑨あらゆるチームや組織には、イノベーションが欠かせない。私の仕事は、部下にあらゆる種類の新しいアイデアを生み出し、試すようながすことだ。また、悪いアイデアのすべてと、すぐれたアイデアの大半を捨て去ることを支援するのも私の仕事だ。

⑩悪は善よりしぶとい。ポジティブなものを強調するより、ネガティブなものを根絶するほうが大切だ。

⑪ものごとを「どのように」するかは、「何を」するかと同じくらい重要だ。

⑫他人に力を行使できる立場にある私には、無神経なごろつきのようにふるまって、しかもそれに気づかない可能性がかなりある。

これは、自分がどれほどすぐれた（そして魅力的な）上司であるかを見きわめるのに恰好のチェックリストだ。あなたは12項目のうちいくつを実現しているだろうか。

「きみが必要だ」と言う

Managing Humans の著者マイケル・ロップによると、従業員を雇用するときに口にすべきもっとも重要なフレーズは、「きみが必要だ」である。

候補者を雇うことに決めたら、そこで魅了のスイッチを入れ、きみが必要だと伝えよう。さらにほかの従業員に頼んで、その人を飲みに連れ出し、働きはじめるまえに当人からさまざまなアイデアや要望を聞き出そう。

私はロップの考え方を、雇用だけでなく日々の仕事にも当てはめたい。その従業員が勤続20時間だろうと、20年だろうと関係ない。失業率が高いときには、企業のほうから従業員にそれほど言い寄らなくてもいいだろうと思うかもしれないが、それはまちがいだ。優秀な人材はつねに不足している。

一日が終わるたびに、組織にとってきわめて大切な「資産」が家に帰ってしまう。問題は、その資産が翌朝ちゃんと戻ってくるかどうかだ。魅力的な上司は従業員に対して、貴重な人材であること、いてくれて感謝していることをつねに伝えている。

「きみが必要だ」を忘れてはいけない。

ボランティアを魅了するには

ボランティアは世界じゅうの組織を助けている。教育、環境、共同体、宗教にかかわる事業や、その他の博愛主義的活動が成功するのに不可欠の役割を果たしている。この章ですでに述べたテクニックはボランティアにも通用するが、彼らを魅了するには、独自の原則もある。

●野心的な目標を設定する　ボランティアたちは、自分の活動に意味があり、世の中にちがいをもたらしていると思いたい。だから、一生懸命打ちこめる高い目標を設定してあげることだ。ボランティアを手持ちぶさたにしておくことは、酷使するより悪い。

●うまく管理する　何かを信じて手を差し伸べようとしているボランティアのために、できるだけ支援するのがあなたの責任だ。そのひとつの方法が、ボランティア活動の計画と運営管理。金銭は支払わないにしても、彼らの時間は尊重しなければならない。

●欲求を満たす　人が非営利の組織活動に参加する理由はおもに3つある。①義務（「わが子が通う学校を支援しなければ」）、②帰属意識（「ほかの人と協力して何かをするのは楽しい」）、③専門的技能の習得（「新しいスキルを学ぶことは金儲けより重要」）だ。ボランティアを魅了することは、こうした欲求を満たすことから始まる。

●正規の従業員がボランティアに感謝する　あなたも、あなたの従業員も、ボランティアの価値を信じなければならない。信じられないなら、最初からボランティアを雇うべきではない。多くのボランティアは組織に身も心も捧げる。だから、金銭を支払われている正規の従業員は彼らに感謝すべきだ。

●フィードバックを与える　人は自分がどのくらいうまく仕事をしているかを知りたい。報酬がフィードバックとして使えないボランティアにとっては、なおさらそうだ。だから、野心的な目標を設定したあとは、かならずなんらかのフィードバックを返すこと。仕事の進み具合がわかれば、とても喜んでくれるだろう。

●評価する　ボランティアに対する評価は、いくつもの小さなかたちで現れる——彼らの名刺を作る、Ｅメールのアドレスや仕事のスペース（たとえ共同使用であれ）を与える、会議に出席してもらう、そして公私にわたって感謝を表明する……。ここに何か高価なものがあるだろうか？ひとつもない。

●招き入れる　少なくとも年に一度はボランティアを本社に招こう。仮想的なつながりでなく、直接顔を合わせて話す機会を設けるのだ。すでに話したとおり、接近することによって好感が生まれる。これはもちろんボランティアにも当てはまる。

●無料のものを提供する　ここでの「もの」とは、職場での食べ物や飲み物、Ｔシャツなど安価な品のことだ。残念ながら、こうしたものは業績が悪化したときにまっさきに予算を削られてしまうが、手渡すことで得られるものの大きさを考えると、きわめて費用対効果の高い報酬である。

考えてみれば、ボランティアを魅了するコツは、従業員にもそのまま適用できる。従業員とボランティアを魅了する方法がわかったら、あとは実践して成功するのみだ。

「魅了された」ストーリー⑩

ミレーネ・ラウベ・ドゥトラは、ブラジルのサンパウロを拠点とするマーケティング・コミュニケーション・コンサルタントだ。ここでは、歯磨き粉の会社で働いたときに、ある機械に魅了された話を聞かせてくれた（私の創作ではないのであしからず）。

魅了されたといえばやはり自分の子供だろうが、子供については話さないことにする。誰の生活にとっても、子供とすごす時間は本当に特別なものだから。その代わり、口内ケア用品の会社（アナコウ・ド・ブラジウ社、のちにコルゲート・パルモリーブ社が買収）に、実習生として初出社した日のことを話そう。

歯磨き粉の会社に魅了されるなどということが、本当にあるのか。当時私は20歳、ES

PM（広告・マーケティング大学）でマーケティングを専攻する学生で、マーケティングの実習生として初めて憧れの仕事についたところだった。

その日は「工場の日」で、生産工場を見学することになっていた。私はそれまで一度も工場のなかに入ったことがなかった。商店の棚に並んでいる製品が作られる工程などまるで知らなかったから、歯磨き粉のチューブを作る巨大な機械を目にして、胸がどきどきしはじめた。その機械は大木ほどの高さ、トラックほどの幅があった。私はまるでゴリアテのまえに立ったダビデの気分だった。機械の片側には大きな漏斗《ろうと》があり、そこに小さなアルミニウムのコインが落ちていく。騒々しい音、煙、熱……機械のなかを通ったコインは、パンチがある場所で止まり、魔法のように歯磨き粉のチューブに変わる。そのチューブはさらに、製品のブランドやロゴをプリントされて命を得る。最後は、蓋つきのチューブが箱に集められ、次の工程にまわされる——歯磨き粉を詰めるラインだ。

これをきっかけに、私はそんなふうに製造されるあらゆるものについて考えはじめた。優秀なエンジニアが作り上げた、ありとあらゆる工場について。その日から、私はプロダクト・マネジャーになった。以来、新製品とイノベーション、とりわけ工場で作られる消費者向け商品に対する私の情熱は強くなるばかりだ。さまざまな業界のいくつもの新製品開発にたずさわりながら、ブラジルや外国の多種多様な工場をいまも訪問しつづけている。

11章 上司を魅了する

1日8時間まじめに働いて、あげくにボスとなり、1日12時間働くことになるかもしれない。

——ロバート・フロスト（アメリカの詩人）

好きな上司であれ、嫌いな上司であれ、その人によって、あなたが仕事から得られるものが決まる。給与だけではない。満足も、昇進も、知名度も、特典もだ。この章では、上司を魅了する方法を説明する。まずは、優先順位のつけ方から。

上司を立派に見せる

上司を魅了するいちばんの方法は、その人を立派に見せることだ。そう、上司を立派に見せる心がけのよい部下になるのだ。より大きな視点から、世界を変えたり、顧客を喜ばせたり、株主価値を高めたりすることも大切だが、「上司を立派に見せる」ことは、毎日しなければならない仕事である。

倫理と道徳の範囲内でおこなうのは当然だが、上司を立派に見せれば、あなたも立派に見えるし、上司が昇進すれば、あなたも昇進する。そして、上司が破滅すれば、あなたも破滅する――それが現実だ。

上司より業績をあげてその地位を奪おうとか、上司より偉くなろうとかいう幻想は捨て去ったほうがいい。上司の上司が「あの部下（あなた）をいまの上司より上に昇進させなければ」と言うところなど見たことがあるだろうか。

大半の人は、上司を立派に見せるほうが賢明なのだと納得するのに何年もかかる。しかも、納得するのはなにがしかつらい経験をしたあとであることが多いが、この考え方を理解してすぐに実践すれば、上司を魅了するという目標は90パーセント達成されたも同然だ。

上司に頼まれたことを最優先に

優先順位は文脈《コンテクスト》で決まる。

――スティーブン・コヴィー（『7つの習慣』著者）

上司から競合他社について調べてほしいと言われたとする。しかしそれは、上司自身でできる仕事であるうえに、あなたが調べたところでたぶん使われない。目下あなたは、出荷待ちの商品のマニュアルを書いている最中で、ほかのことにはとても手がまわらない。さて、あなたはマニュアルをそのまま書き上げるか、それともすべてをなげうって、上司に頼まれたことをするか。

自分には、大きな目的を見すえて優先順位をつける能力がある――あなたはそう自負しているかもしれない。頼まれた調査よりマニュアルのほうが重要であることを説明しなければとか、マニュアルをまず片づけないのは職務怠慢だとか思うかもしれない。ここで穏やかに助言しよう。上司を魅了したければ、すべてをなげうって、頼まれたことをするのだ。

この際、あなたの考える優先順位は関係ない。その調査は上司の上司が命じたことかもしれない。いくらあなたが時間の無駄だと思っても、上司にとっては重要なことかもしれないのだ（とりわけその人がこの本を読んで自分の上司を魅了したいと思っているのであれば）。理由はなんであれ（たとえたいした理由がないときでも）、上司に言われたことをまずしよう。あなたは熱心に効率よく働き、結果を出す人物だと上司に思われるために（優先順位のつけ方を知っていると思われるのではなく）。

ちなみに、これは夫の皆さんにとってもためになる戦略だ。もし妻に何かしてくれと頼まれたら、すべてをなげうって、それをすべきである。そんなものは重要じゃないと思うかもしれないが、妻は4人の子供の世話と自分のキャリアと複数の慈善活動を同時に成り立たせようとしているのだ。あなたは「大局」を見ているつもりでも、それは妻の大局ではない。このアドバイスだけでも、この本を買う価値がある。

約束は小さく、結果は大きく

上司のためにすべてをなげうてという私のアドバイスを読んで、この本を放り出したり、気分が悪くなったりしていなければ、次のステップは、約束を小さく、結果を大きくすることだ。この考え方を理解するには、次のように上司をとらえればいい。

まずは、上司のことを「自分を推薦してくれる顧客」だと思う。それほど大事な顧客なのに、控えめなサービスでいいとは思わないだろう。

さらに、「ディズニーランドの行楽客」だと思う。ディズニーランドでは、乗り物の待ち時間を長めに表示している。思っていたより短い時間で列の先頭まで来れば、誰だってうれしくなる。上司をだませと言っているのかって？　そのとおり。もっと具体的に言えば、「与えられた時間の80パーセントで達成できると１２０パーセント確信できる」目標を設定すべきだ。

小さく約束して大きな結果を出す人のほうが、魅力が増す。「惜しかった。でもよくがんばった」でいいのは、子供と、映画のストーリーと、蹄鉄投げの場合だけだ。ほかはどんな場合でも、達成できるか、できないかの二者択一である。

プロトタイプ（試作品）を見せる

スコット・ヘリックは自身のブログで、「上司をしたがわせる3つの方法」という文章を綴り、プロトタイプを提出することの魅力を説いている。

それによると、上司から課題を与えられたとき、すぐにその一部を完成させて、フィードバックを求めれば、上司は早い段階で軌道修正をすることができる。そして、最終的によりよいものができる確率が高まる。加えて、上司はあなたのことを「要領の悪い」部下ではなく、「率先して仕事に取り組む」部下だと思う。

早い段階で選択肢について話し合うのもよい方法だ。あなたのプロトタイプはある方向に進んでいるが、ほかの方向も考えられ、ことによるともっとすぐれたものが作れるかもしれないからだ。いずれにせよ、プロトタイプの提出は、ほかの可能性について積極的に考えるきっかけになることが多い。

今度、上司から報告書やパワーポイントのプレゼンを用意しろと言われたら、数時間でアウトラインをまとめ、浮かんだアイデアを見てもらい、積極的に選択肢を議論しよう。上司はあなたに魅了され、よりよい結果が生まれるはずだ。

進捗を報告し、公開する

プロトタイプの段階が終わったら、次は、完成するまでに何週間、何カ月とかかるプロジェクトの進捗を定期的に上司に示すこと。小さなことが何かあるたびにいちいち報告するとわずらわしいが、上司が心配しない程度に逐次報告しておけば、あなたもプロジェクトもつねに上司の視野に入ることになる。

進捗状況は、関係者全員にも知らせるとなおよい。「完全公開」とまではいかなくても、自分の仕事は積極的にまわりに知らせよう。みずからラッパを吹く気がないのなら、音が鳴らないなどと文句を言う権利はない。

ただし、進捗を知らせるときには、組織内のほかの人の反感を買わないように注意する必要がある。次のようにやれば、人々を魅了できるはずだ。

- 粉飾や誇張なしに事実だけを伝える。言い換えれば、報告は小さく、結果は大きく。
- 成功に貢献した人全員を褒める。褒めことばを気前よく使って、栄光をみんなで分かち合う。
- 可能であれば、あなたに対する褒めことばを返してもらう。たとえば、顧客からあなたの上司にお褒めの電話をかけてもらうとか。もっといいのは、上司の上司に電話をかけて褒めてもらうこと。

● あなたの成功を上司の成功にもする。上司に成功をもたらす回数が多ければ多いほど、あなたの魅力は増す。

自分の成功を言いふらすのは気が引けるかもしれないが、これは効果的なパーソナル・ブランディングの一環であり、上司を魅了する方法のひとつだ。ぜひ試してみよう。そのうちきっと慣れる。ただ、夢中になりすぎないように。やりすぎると魅力は失せる。

友だちを作る

仕事上の友人が多い人は魅力的だ。その豊かな人間関係によって仕事の効率が増し、その人の人格がすぐれていることの社会的証明にもなるからだ。具体的な効用は次のとおり。

● **友だちができれば仕事の効率が増す** 友だちと仕事をするほうが楽だ。多くの場合、友だちは助けてくれるし、あなたもそれに返礼する。怒りと反感で行動するより、友好的に行動するほうがエネルギーの節約になる。

● **友だちは友だちを呼ぶ** 友だち作りは好循環を生む。人はまわりにならうものだから、友だちが増えるとさらに増える。友だちが増えるほど、仕事の効率がよくなる。そして仕事の効率がよくなるほど、上司を魅了することができる。

●友だちが増えると波及効果が生じる　数式は単純だ。友だちの友だちがあなたの友だちだとすると、友だちが増えるほど友だちの友だちも増える。この波及効果はあなたの上司にも及ぶ。あなたが人を魅了する人気者であれば、人々はあなたの上司も魅力的な人物なのだろうと考える。少なくともそこが評価の出発点になるだろう。

●友だちが多い人間は軽んじられない　魅力的で人気が高く、善良な人間だと周囲から思われれば、それがあなたの力になる。正直に言おう、そうすると上司はあなたにつらく当たりにくくなる。魅力的で力強い人間であることは、なんら悪いことではない。

職場で人気が高い人には、ポジティブな結果しか生じないものだ。これはあなたにも、あなたの上司にとっても利益になる。

教えを請う

2章で、人はみな何かに秀でていると書いたが、このことはあなたの上司にも当てはまる。あなたにとって有用な知識をかならず蓄えているはずだ。上司に教えを請えば、一石二鳥である。支援が得られるし、教えを請うことで上司を讃えていることにもなる。

讃えられて喜ばないのは、社会的に不適合な人ぐらいだ。もしそういう人の下で働いているなら、魅了するより逃げ出すことを考えるのが先決だ。

もちろん、上司が何かを教えてくれた場合には、そのアドバイスにしたがわなければならない。したがわなければ、あとで自分に返ってくる。たとえ何も教えてくれなかったとしても、上司を讃えたことの利益はある。

私のキャリアには、偉大な恩師がふたりいた。

ひとりは、宝石メーカー〈ノバ・スタイリングス〉で上司だったマーティ・グルーバー。彼は、ビジネスでもっとも重要なことを教えてくれた。すなわち「いかにして売るか」。宝石ビジネスがむずかしいのは、金やダイヤモンドといった原材料が、どんな店のバイヤーでも値づけできるありふれた一次産品であることだ。原価にどれだけマージンを上乗せできるかは、「どれだけ魅了できるか」に比例する。

もうひとりは、私がアップルで働いていたときの顧問役で父親代わりだったアル・アイゼンスタットだ。彼は当時アップル社内のあちこちで起きていた愚かな内紛から、無傷で逃げ出すのを手伝ってくれた。そして、きわめて政治的な環境でも生き延びるすべを教えてくれた――むろん私が学べる範囲においてだが。

悪い知らせを先に

上司に知らせることは2種類ある。いい知らせと、悪い知らせだ。いい知らせはみんな大好きだから問題ないが、悪い知らせはむずかしい。スケジュールが遅れた、販売活動が失敗した、ユーザーがソフトウェアのバグを見つけた……。先ほど紹介したスコット・ヘリックは、悪い知らせはできるだけ早く伝えるべきだと言う。事実、すぐれた上司ほど悪い知らせを早く受け取りたがる。そのほうが問題解決のチャンスが増えるからだ。

一方、バブルのなかで生きていたい愚かな上司は、いい知らせだけを聞きたがる。問題は、バブルが弾けたときに、あなたも愚かな上司といっしょに落ちてしまうことだ。こんな人の下で働くことは、できるだけ避けたい。

悪い知らせについては、あとふたつだけアドバイスしておこう。第一に、どんなに悪いことが起きても、人を（とくに上司を）責めてはならない。むしろあなたが責めを負うほうがいい。第二に、上司に悪い知らせを伝えるときには、かならず同時に問題解決のアイデアも用意する。そうすれば、率先してものごとに取り組み、問題を処理する人間だと思われる。その上司はまちがいなくあなたに魅了されるだろう。

「魅了された」ストーリー⑪

デイビッド・ストックウェルは、ワシントン州タコマにある顧客サービス・コンサルタント会社〈シーズナル・ビュー〉の創設パートナーだ。ここでは、〈REI〉で働いていたときに、ある従業員に魅了された話をしてくれた。

私が魅了されたのは数年前、アンジェリカ・ゴンザレスという実習生に会ったときだ。当時、私はREIでヘルプデスクを管理していて、キング郡のデジタル・ブリッジ・プログラムから学生を何人か受け入れることになっていた。このプログラムは、従来の学校システムで卒業できなかった生徒に、技術を教えながらGED［訳注：一般教育修了検定。高校卒業に相当する資格］取得をめざしてもらうというものだ。クラスでトップの成績をとった学生には、実習生として地元企業で働き、ひと足早く社会人を体験するという特典が与えられる。

アンジェリカはユニークだった。ホームレスの家庭に生まれ、非行集団の生活を生き延び、16歳で妊娠した。でもREIで働きはじめたときには、会社での体験からできるだけ多くのことを学ぼうと意気込んでいて、毎日私に質問をぶつけてきた。組織を支えるヘルプデスクの技術的な側面だけではない。人々がいっしょに働くことについても、アンジェリカの質問はとどまるところを知らなかった。

技術サポートの世界は絶え間ない銃撃戦のようなものだ。だから、どんな平凡な仕事にも嬉々として取り組み、自分とまわりの世界について学ぼうとするアンジェリカの姿勢は、職場にポジティブなエネルギーを生み出した。そのエネルギーはチームの他のメンバーにも伝わった。実習が終了したとき、私はアンジェリカを技術者として雇い、新しく身につけたスキルを使ってもらうことにした。

あるとき、アンジェリカが私のオフィスに入ってきて何か質問をした。私がそれに答えると、彼女は少し考えてからこう訊いた。「私みたいな人間でもCEOになれますか?」。そこで私は初めて、自分とアンジェリカが人生で受けてきたサポートや指導のちがいの大きさに気づき、人間関係をいっそう大切にしなければと痛感した。

その日からは、従業員や同僚、上司、そしてとりわけ顧客とのやりとりに全力を傾け、「魔法の輝き」(ほかにいいことばが浮かばない)を持たせるよう努めている。アンジェリカのおかげで、達成したい目標を見つけられれば人の意欲はその目標まで高められると知った。そして、私とまわりの人たちとのコミュニケーションも改善した。

12章 アブナい「魅了」の対処法

テクノロジーが成功するためには、体面より現実が優先されなければならない。自然はだませないからだ。

——リチャード・ファインマン（アメリカの物理学者・作家）

魅了し、影響を与え、説得するテクニックを身につけ、すぐれた素材を持っている人は大勢いる。だが残念なことに、あなたの利益を第一に考える善良な人ばかりではない。そこで、そういう負の魅了に抵抗する方法を紹介する章をつけ加えることにした。これには余禄もある——魅了に抵抗するすべを学べば、人々を魅了する人間としても磨きがかかるのだ。

誘いこまれる状況を避けよ

人を魅了しようというとき、誰もが倫理を重んじるとはかぎらない。たとえ倫理的であっても、あなたを説得して、あなたの利益にならないことをやらせる可能性もある。あるいは説得する側は、あなたがマスメディアに毒されているからなんとかしてあげなければ、と思っているのかもしれない。いずれにしても、あなたが都合の悪いことに巻きこまれる危険はつねにある。

負の魅了に抵抗するもっとも基本的なテクニックは、誘いこまれる状況やイベント、場所、時間などを避けることである。たとえば、販売店のなかとか、オークション、アウトレットモール、ガールフレンドとのショッピング……。誘惑にさらされなければ、悪い決定をする可能性はそれだけ減る。

どうしても誘惑を避けることができなければ、決定を遅らせるのも手だ。たとえば、あるセール品に心ひかれたときには、その日の買い物の最後に買おうと自分に言い聞かせる。ストレスを感じていたり、疲れていたり、体調が悪いときには、とりわけ即決しないことが肝心だ。そういうときにかぎって後悔する決定をしがちだからだ。

もし誰かから、いますぐ決めろと迫られたら、「ドープラー効果」を思い出してほしい［訳注：「ドップラー効果」のもじり。「ドープ」は麻薬、興奮剤］。これはワシントン・ポスト紙の1998年の新語発明コンテストに応募されたことばで、馬鹿げたアイデアも、すばやく近づいてくると利口そうに思えることを意味する。

ともあれ、負の魅了に抗《あらが》う第一ステップは単純――あなたを誘惑して不利益なことをやらせる状況を避けることだ。

遠い将来を見る

たとえ誘いこまれる状況を避けられなかった場合でも、この決定が1年後にどう影響するかと自問してみよう。人が愚かな決定をしてしまうのは、過去（「……すべきだった」）か、近い将来（「……すれば楽しいにちがいない」）ばかりを見て、遠い将来を見ていないからだ。

いまの行動が1年以上たってどんな影響を与えているか考えてみる。ネガティブな結果が出そうなら、それは時間とリソースの無駄であり、「魅了」の逆だ。たとえよくも悪くもない結果でも、やはり無駄である。その魅力にしたがってもいいのは、遠い将来に大きな利益があるときだけだ。

高価な買い物はよく考えなければならないが、安いものなら自由に買える、といった単純な話ではない。〈レッドフィン〉というオンラインの不動産会社で技術担当副社長を務めるサーシャ・エイキンには、賢いおばあさんがいる。おばあさんは、こうアドバイスした。「安いけど質の悪いものを買って最高の気分になるのは、買ったときだけ。高いけどいいものを買って最悪の気分になるのも、買ったときだけ」

己の限界を知る

裕福な著名人で一見賢そうな人でも、だまされることがある。なぜか？　それは、自分の知らないことがわからず、何から何まで知っているわけではないのを認めようとしないからだ。

彼らにかぎらず、人の知識の及ぶ範囲には限界がある。理由はわからないのにうまくいくこともあるように、未来は誰にも予測できない。全能の幻想を抱きかけたら、このことを思い出すといい。

己の限界を知るのはむずかしい。まわりからの助けで初めて可能になるのかもしれない。聖人候補者の欠点をあえて指摘する、カトリック教会の列聖調査審問検事を思い出してほしい。あなたも、目のまえの提案や誘惑に反論してくれる人を見つけるべきだ。

その人の役割は、あなたの論理の穴を見つけ、長期的な観点で考え、全体像をつかみ、まちがいを防ぐことだ。ときにはあなたを解放してくれる役割も果たす。「やるべきではないと反論する人がいるので」と説明すれば、断っても角が立たない。

己の限界と知識の限界を知り、身近な反論者の視点を取り入れれば、あなたはきっと情報をしっかり把握したうえで、健全な決定ができるようになる。

ニセの着目点、データ、専門家に注意

人々がものを考えないのは、支配者にとってなんと都合のいいことか。

——アドルフ・ヒトラー

着目点が示されると、ものごとはわかりやすい。たとえばｉＰｏｄなら、ギガバイト容量の代わりに歌を何曲保存できるかを示してもらうとよくわかる。しかし、偽の着目点にだまされてはいけない。たとえば、電話会社に「端末は無料です」と言われたらすばらしいと思うかもしれないが、じつは2年間の加入が条件で、途中解約すればかなりの手数料を取られたりする。

データにも注意が必要だ。「関連がある」からといって「因果関係がある」とはかぎらない。たとえば、ハーバード大学の研究者デイビッド・Ｈ・フリードマンが、タンザニアの部族にいる49人の男性の声の高さと子供の数を調べたところ、声が低い男性ほど子供の数が多いことがわかった。だが、だからといって、声が低い男性のほうが子供ができやすいとはかぎらない。もしかしたら、子供が多い男性はしょっちゅう怒鳴るので、声が低くなるのかもしれない。子供が低い声の「原因」であって、「結果」ではない可能性だってあるのだ。

『まさか!?』（ダイヤモンド社）の著者マイケル・モーブッサンによれば、ＸがＹの原因となるには、３つの条件が満たされなければならない。①ＸはＹより先に発生する。②ＸとＹのあいだには、偶然ではなく機能的な関連性がある。③ＸとＹの両方の原因となるような第三の要素Ｚが存在してはならない。

子供の多いタンザニアの男性は、父親になるまえも声が低かっただろうか。低い声と子供の多さのあいだに機能的関連性はあるだろうか。ほかの要素が働いて、子供の多さと低い声をもたらしていないだろうか。

最後は、専門家について。彼らの意見は参考になるが、まちがっていることもある。しかし人々は、専門家と聞くと、たとえまちがっているときでも信じがちだ。とりわけその専門家のアドバイスが画期的な場合、信じられないほどうまくいきそうな場合、社会から大きく注目されている場合、あるいは著名雑誌の著名な記事が情報源だったり、そのアドバイスの信奉者から収入を得る団体のサポートを受けたりしている場合には、要注意だ。

たったひとつの例にしたがわない

「逸話」が集まっても「データ」にはならない。
——ベン・ゴールドエイカー（イギリスの医師・ジャーナリスト）

4章で、感情に訴えるたとえが持つ力を説明したが、あなた以外の人も、そんな力強いたとえの使い方を習得していると考えるべきだろう。ただし、写真、具体的なイメージ（何千足もの靴）、個人のストーリーなどがいかにすぐれていようと、素材が本物で、すばらしく、重要で、自分のためになるとはかぎらない。

例をあげよう。アメリカでは、はしかが最近また流行している。親たちが子供にワクチンを打たなくなったのが原因だ。科学的証拠とは裏腹に、彼らは新三種混合ワクチン（はしか、おたふく風邪、風疹）が自閉症を引き起こすと信じている。モデルで女優、自閉症の子の母親でもあるジェニー・マッカーシーが、自閉症の原因と治療法の研究組織〈ジェネレーション・レスキュー〉の代弁者となり、多くのテレビ番組に出演して、何百万という人に自説を披露したからだ。

マッカーシーは、2008年にジェームズ・ランディ教育財団からピガサス賞を授けられたときにも注目された。この財団は「最小限の努力で最大数の人をだましたパフォーマー」として彼女を表彰した。たったひとりのサンプルであるマッカーシーが、医学界や科学界の大多数の研究がまったく別の結論を出しているにもかかわらず、自分の体験と人から聞いた話を用いて、世の親たちに多大な影響を与えたからだ。

新三種混合ワクチンが自閉症を引き起こすという考えが正しい可能性もゼロではないが、現時点ではまちがっているというのが大方の見解だ。このような場合、決定的なデータひとつで全体の流れが決まるわけではない。だから惑わされないように。

大衆に逆らう

懐疑主義は信仰の始まりである。

——オスカー・ワイルド

あることが当然のように社会に受け入れられているときには、大衆の知恵に関して（シニカルになる必要はないにしろ）懐疑的になるべきだ。

たとえばどの映画を観るかといったささいなことなら、チケットが売り切れだろうが余っていようが、つまり大衆の意向がどうであろうが差し支えはない。だが、もっと大きな決定をするときは、大衆の知恵が往々にして期待はずれであることは憶えておいたほうがいい。

その古典的な例が、1630年代のチューリップ騒動だ。オランダの人々がこの花に異常なほど執着し、投資の対象となったことで値段が高騰した。人のことは笑えない。シリコンバレーの私たちも、1990年代のドットコム・バブル期には、インターネット企業の株価を異常なレベルにまでつり上げた。

大衆心理は無知な人々に影響を与えるだけではない。次に引用するのは、物理学者のリチャード・ファインマンが、スペースシャトル、チャレンジャー号の爆発事故を調査する〈ロジャース委員会〉に加わった際にまとめた個人的見解である。委員会に集まったのは錚々《そうそう》たるメンバーで、元空軍准将のチャック・イェーガー、元宇宙飛行士のニール・アームストロングやサリー・ライドらがいた。

合理的な打ち上げスケジュールを維持しなければならない場合、安全な運航を保証するために設計された、厳格な認証基準を満たすエンジニアリングが間に合わないことがある。その場合、定刻に打ち上げられるように、一見論理的な議論を経て、微妙な基準の変更がおこなわれる。その結果、宇宙船は当初の設計ほど安全でない状況で打ち上げられ、失敗する確率が約1パーセントに上昇する（これ以上正確な数字を出すのはむずかしい）。

しかし、NASAの首脳部は公式には「失敗の確率はこの1000分の1と信じている」という。資金を確実に調達するために、NASAの運営は完璧だと言いたいのかもしれないが、本当にそう信じている可能性もある。だとすると、首脳部と現場のエンジニアとのあいだには、信じがたいほどのコミュニケーション不足がある。

ファインマンは、委員会が彼の個人的見解を公開しないなら、報告書から自分の名前を削除してもらうと強硬に主張した。さらに、爆発の原因だった欠陥品のOリングを氷水に沈めて弾力性が失われることを証明するという、見事な説得のテクニックも披露した。

前述の著書『まさか!?』によると、大衆が真の知恵を伝えるためには、3つの条件が必要だ。①構成員が多様であること。②全員の意見を考慮すること。③洞察力のある人々の発言をうながす仕組みがあること。

大衆の意見にしたがうつもりなら、これらの条件が満たされていることをしっかり確認してほしい。

過去の決定を思い出す

なんらかの決定をするときには、「以前に似たようなことをしたときはどうなっただろう」と自問してみるとよい。その答えが悪いか、それほどよくないなら、同じまちがいをくり返すべきではない。もう一度挑戦するのはかまわないが、少なくとも過去の失敗から得られた知識は活用すること。

自分が下した決定を日記につけておけば、過去のことを思い出しやすい。決定の結果が失敗だったのなら、きちんと事後分析して、そこから何かを学びとろう。『パブリックスピーカーの告白』(オライリージャパン)の著者スコット・バークンは、過去の決定を確認するための質問事項を、次のように完璧なリストにまとめている。

- 出来事の順序はどうだったか。
- 大きなまちがいにつながるような複数のまちがいがあったか。
- なんらかの誤った前提があったか。

●正しい目標を設定していたか。正しい問題を解決しようとしていたか。
●悪い前提をもっと早く認識することはできたか。
●いまわかっていることで、そのときわかっていれば役に立ったことがあるか。
●もしやり直せるなら、まったく同じ状況で何をちがったふうにやるか。
●このまちがいは避けられなかったのか。
●まちがいだったか否かを判断するのに、充分な時間がたっているか。

何かに魅了されて負の結果を出してもしかたない。だが、同じあやまちをくり返すのは感心しない。それを防ぐためにも、過去の決定を思い出して行動パターンを探ってほしい。

小さなことには素直に魅了される

いま論じたような厳しい姿勢は、おもに大きな決断をする場合だ。日々の小さな決断の際には、素直に魅了されてもいい。そうすれば、大きな闘いのためにエネルギーを節約しておけるし、自分をつねに批判者と見なさなくてもすむ。

レストランでデザートを勧められるままに頼んで何が悪いだろうか。自分の娘に魅了されてウェブで遊べるぬいぐるみを買ったり、ホッケーをするためにランチミーティングをさぼることのどこがいけない？　小さなことに魅了されることによって、人生に深刻な影響を与えうる大きな決定への抵抗力をためておくことができるというのに。

小さなことで魅了される喜びを知れば、あなたが魅了されていた、もっと大きく危険で高価なことが、じつはそれほど重要ではなかったと思えたりもする。私たちの抵抗力には限界がある。その力は大きな決断のために温存しておこう。

チェックリストを作る

最後にわれらが友人、「チェックリスト」の再登場である。魅力的な提案をされたときに、チェックリストで確認しながら重要な要素を考えていくと便利だ。まずは次の項目から始めよう。

□1週間待ったあとでも同じ決定をする。
□1年後もこの決定はよかったと言える。
□この商品／サービス／組織／アイデアについて、別の視点に立った報告書やレビューを読んで考えた。
□設置、サポート、保守、加入、アップグレードなど、この決定にかかわるすべてのコストを把握している。

□この決定は人に害を及ぼさない。
□この決定は不必要に環境を傷つけない。
□この決定は倫理、道徳、法律にのっとっている。
□この決定はわが子にとって悪い例にならない。
□もし誰も見ていなくても、やはりこれをする。
□もしあらゆる人が見ていたとしても、やはりこれをする。

私も過去にこのようなチェックリストで確認していたら、何十ものちがった決定をしていただろう。でも、格言にあるように「遅れても、何もしないよりはまし」だ。

「魅了された」ストーリー⑫

ティボル・クルスカは、ハンガリーのドログ市出身のIT起業家。負の魅了に抗うというテーマの章の最後に彼の話を持ってきたのは、もしそれが本当にすばらしいものだったら、抵抗しても無駄だということを示したかったからだ（笑）。

これはあなた（ガイ）を喜ばせるための作り話ではありません。あなたの本に魅了された実話です。

私はビジネス関連の本を読むのが好きです。家にはたくさん、たぶん300冊はあるでしょう。そのほとんどはかなりの良書だけれど、1冊だけ残してあとは全部捨てろと言われたら、あなたの『完全網羅　起業成功マニュアル』（海と月社）を残します。

以前、あなたが2006年のTiEconでおこなった、この本についてのプレゼンテーション映像を、ある友人が送ってくれました。［冗談ではなく、私はそれを何百回と見ました（なんならiPodを調べてください）。そのあと、ようやく本を買うことができました。

それを買うために、わざわざヨーロッパからアメリカに出かけたのです（というのは大げさで、本当はラスベガスの会議に出席する用事があったときに、満を持して買ったのです）。

あなたの本に比べたら、たいがいのビジネス書はただのゴミです――少なくとも、起業家にとって実際に役立つアドバイスを求めているなら。誰であろうと、『完全網羅　起業成功マニュアル』を読まずにビジネスを始めるべきではないと断言できるほどです。

自分は頭がいいと思いこめ、自分はポジティブだと毎朝唱えろ、あるいは、やる気になりさえすればかならずできるといったことを教える本は大嫌いです。そう簡単にやる気になれれば世話はない。それは起業家として最悪のスタートです。

あなたの本は、私が考えるべきことを説明しないし、無理やり考えさせることもない。しかし、何をすべきかはしっかり説明してくれる。ビジネスを始めるときに必要なのは、まさにそれです。私はどんなプロジェクトを始めるときにも、かならずあなたの本を読んでいます。

おわりに

日没の緑の縁へ
月は真珠色の艀《はしけ》のように傾く
魔法の海を魅力が渡りゆく
西の果てのヘスペリデスの園へ
丘を越えてはるか遠く
――マディソン・ジュリウス・ケイワイン（アメリカの詩人）

この本に読む価値があったこと、読むのを楽しんでいただけたことを祈る。魅了の技術について私が知っていることはすべて書き記した。あとは皆さんにおまかせする。この知識を用いて、うまくいかないことは拒み、うまくいくことに力をそそいでいただきたい。

この本の目次は、進捗を確認するためのチェックリストとして使えるようにデザインされている。魅了に関する知識を測定したければ、このセクションの終わりにある〈ガイ《G》のリアル《R》な魅了《E》理解《A》力テスト《T》（GREATテスト）〉を試してほしい。

最後にひとつ。魅了は強力なスキルだけれど、パワーには責任がともなう。このスキルを、世界とは言わないまでも、関係者全員のためになるように使う――それは、あなたの責任だ。どうかこのことを念頭に置いて前進してほしい。

元気よく、いいことを、ガツンとやろう。

ガイ・カワサキ

「魅了された」ストーリー⑬

キャシー・パーサンコは、オハイオ州シンシナティのマーケティング・PRコンサルタント。この話をしてくれたときには、ドレイク・センターで働いていた。「魅了」の最終形態とは何か？ それは、互いの長期的な愛情だ。

ドン・マーティンと、ドンが「かわいい花嫁」と呼ぶユリス・マーティンは、ドレイク・センター内の介護コミュニティ、ブリッジウェイ・ポイントに住んでいる。ドンは個室のアパートメント、ユリスは別の階の認知症管理ユニットにいるのだが、ドンは電動車椅子に乗って、日夜ユリスを訪ねる。ふたりは結婚して65年、世界のいろいろな場所に住み、いまここにいる。

ユリスはすり足で歩き、今日が何曜日かも、自分がどこにいるのかも、いま誰と話しているのかもしょっちゅうわからなくなる。しかし、それもドンが現れるまでのことだ。ドンを見ると、とたんにぱっと顔を輝かせ、微笑み、ときには涙さえ見せる。ドンのことはわかるのだ。ふたりはコミュニケーションをとる――ことばがあっても、なくても。多くの人が小説か夢のなかにしか存在しないと思っているような愛情を、私はこの目で見ている。

ユリスとドンのことは、2010年のバレンタイン・デイの週末、シンシナティ・エンクワイアラー紙の第一面に掲載された。ドンは、どうして誰かが自分たちの話を読みたがるのかがわからないと言った。何をそう騒いでいるのだと。けれども、やがて彼も理解した。人々がオンラインに書きこんだ前向きで心温まるコメントを、私が読んで聞かせたからだ。多くの人が、ふたりに希望を与えられた、自分もいつか本当の愛を見つけたいと感謝していた。

介護コミュニティのPRと渉外事務という仕事は、人生を美しいと感じさせてくれる。介護生活を決断した入居者やその家族は、しばしば弱い立場に置かれ、ぎりぎりのところで生きている。だからほとんどの人が「本当に大切なこと」を知っている。それは、愛だ。愛に包まれていることほど、魅力的なことはない。

GREATテスト

手始めに、最初の2問はすでに本文で私が答えている。

①魅力的な笑みを浮かべるには、筋肉をいくつ動かさなければなりませんか。

ⓐゼロ
ⓑ2
ⓒ3
ⓓ5
ⓔ10

②魅了したい人と比べて、あなたはどのような服装をすべきですか。

ⓐ彼らより見映えよく。
ⓑ彼らよりみすぼらしく。

ⓒ彼らと同じように。
ⓓどうでもいい。
ⓔ自分が気に入るように。

③素材（商品、サービス、組織、またはアイデア）を市場に出すときに有効な方法は？
ⓐストーリーを語る。
ⓑ種をたくさんまく。
ⓒどうするか人々に尋ねる。
ⓓ選択肢を減らす。
ⓔ以上のすべて。

④初対面の人にやるべきことは？
ⓐ相手の要求を疑ってかかる。
ⓑ少なくとも10秒間、握手する。
ⓒ緊張を解くために、戦争のたとえを用いる。
ⓓ個人的に夢中になっていることは話さず、仕事に関連した話題に集中する。
ⓔ返答は基本的に「イエス」にして、相手を支援する方法を決める。

⑤すぐれた素材の５つの特徴は？

ⓐ愚か、不充分、無知、腹立たしい、高価

ⓑ深い、知的、完全、力を与える、エレガント

ⓒ有害、不適切、矛盾、卑猥、短命

ⓓ深い、知的、競争力、雄弁、奇抜

ⓔ教訓、退屈、狡猾、熱心、宗教的

⑥すぐれたメッセージの特徴は、短い、楽しい、それから？

ⓐ真剣だ。

ⓑ穏やかだ。

ⓒシニカルだ。

ⓓわかりやすい。

ⓔ聖人ぶっている。

⑦商品を試してもらうために必要な条件は？

ⓐ使いやすい。

ⓑすぐに使える。

ⓒコストがかからない。
ⓓ試用後も断ることができる。
ⓔ以上のすべて。

⑧利害の対立を公表すべきときは？
ⓐ契約を結んだ直後。
ⓑ永遠に公表すべきでない。
ⓒ関係が始まった最初から。
ⓓ相手に訊かれたとき。
ⓔ裁判所から召喚状が来たとき。

⑨次の方法のうち、素材に対する抵抗感をなくすのに役立つのは？
ⓐ「どこにでもある」と思ってもらう。
ⓑ「レアなもの」と思ってもらう。
ⓒ明るい部分を見つける。
ⓓ魔法を見せる。
ⓔ以上のすべて。

⑩**あなたの好意に対して感謝されたときに、最適な返答は？**

ⓐどういたしまして。

ⓑ借りを返してくださいね。

ⓒなんでもないことです。

ⓓどうせ部下がやることです。

ⓔあなたも私に同じことをしてくれるとわかっているよ。

⑪**次のうち、まちがった記述はどれか。**

ⓐ信念をもって働く人には、別個の職場を作るべきだ。

ⓑ善行に対して、人は数十年後でも報いようとする。

ⓒ多様でないチームが人を長く魅了する。

ⓓグレイトフル・デッドはコンサートでファンが録音することを認めている。

ⓔ金銭的な報酬ではロイヤルティとサポートが得られないことがある。

⑫**パワーポイントやキーノートによるプレゼンテーションの理想的なフォーマットは？**

ⓐスライド60枚、60分、フォントは6ポイント。

ⓑスライド10枚、60分、フォントは8ポイント。

ⓒスライド20枚、20分、フォントは10ポイント。
ⓓスライド10枚、20分、フォントは30ポイント。
ⓔスライド30枚、90分、フォントは60ポイント。

⑬魅力あるユーチューブ動画の理想的な長さは？

ⓐ60分
ⓑ60秒
ⓒ5分
ⓓ15分
ⓔ10秒

⑭次の日本的コンセプトのうち、実践すべきでないものは？

ⓐ和
ⓑばかたれ
ⓒ渋い
ⓓ静寂
ⓔ簡素

⑮大衆にしたがってもいいときは?

ⓐさまざまな経歴を持つ人々が集まっている。

ⓑ全員の意見が考慮されている。

ⓒ洞察力のある人々の発言をうながす仕組みがある。

ⓓⓐとⓑとⓒ。

ⓔⓒのみ。

⑯講演を始めたときに、ほぼまちがいなく聴衆を魅了できる方法は?

ⓐ携帯電話の電源を切ってもらったことに感謝する。

ⓑ商品やサービスの割引を提供する。

ⓒ彼らの町で魅了されたものの写真を見せる。

ⓓ買ったばかりのポルシェの写真を見せる。

ⓔ飛行機の長旅で疲れきっていることを説明する。

⑰従業員を魅了したいときに、やるべきでないことは?

ⓐおのおの独立して働けるようにする。

ⓑ自分ならやらないことを、やってくれと頼む。

ⓒまず自分の問題点から説明する。
ⓓチームの成功を祝う。
ⓔ自分を結果で評価し、彼らを意図で評価する。

⑱あなたのホテルに滞在してもらいたいときに、もっともやるべきでないことは？

ⓐＷｉ-Ｆｉアクセスの料金を請求する。
ⓑ机の近くにコンセントをひとつも作らない。
ⓒフィットネスセンターを廃止して、客室を増やす。
ⓓ予約料をもらう。
ⓔ部屋の冷蔵庫の鍵がひとつしかない。

⑲上司を魅了するためにできることのなかで、もっとも大切なのは？

ⓐおだてる。
ⓑ悪い知らせを伝えるのはできるだけ先延ばしにする。
ⓒキャリア上のアドバイスをもらわない。
ⓓ約束は小さく、結果は大きく。
ⓔ上司に頼まれたことを最優先にする。

⑳ツイッターの特徴でないものは？

ⓐ信頼できる。

ⓑ無料。

ⓒ使いやすい。

ⓓ普遍的。

ⓔ速い。

おまけ：このテストの最初の2問に私が答えたのは、

ⓐ得点を上げるため。

ⓑ自分の素材をよく知っていることを示すため。

ⓒテストを短くするため。

ⓓカンニングを勧めたいから。

ⓔあなたにテストを受けてもらいたいから。

正解　①b　②c　③e　④e　⑤b　⑥d　⑦e　⑧c　⑨e　⑩e
⑪c　⑫d　⑬b　⑭b　⑮d　⑯c　⑰b　⑱d　⑲e　⑳a

どうでしたか？　あなたの「魅了」のスキルを大まかに診断すると――

- **19～20点**　スティーブ・ジョブズを超えたかも。
- **16～18点**　この調子で魅了しつづけよう。
- **11～15点**　この本をもう一度読みましょう。
- **6～10点**　人とのコンタクトがほとんどない仕事を探したほうがよさそう。
- **0～5点**　私に返金を請求してください。

この本のカバーについて

私は合唱を聞くのが好きだ。目のまえでひとつの楽曲に全身全霊で取り組む人々の顔を見ると、胸が温かい思いで満たされる。私はチームワークが好きだ。あのように協力し合う姿を見ると、人類について明るい気持ちになれる。

——ポール・マッカートニー

秘話　いかにして2600人がカバーの制作にかかわったか

じつはこの本のカバー自体にも、魅力的なストーリーがある。

「魅了」というコンセプトを形にするのはむずかしい。私は多くの人が「魅了」をどうとらえ、どんなイメージで表現するのか知りたくなった。その目的を達成するいちばんの近道は、デザインコンテストだ。

私の理論では、ひとつの仕事にたずさわる優秀な頭脳が多ければ多いほど、結果もよくなる。そこで〈クラウドスプリング〉の友人たちに連絡をとり、優勝賞金1000ドルでコンテストを開催することにした。すると驚いたことに、約250人から760点ものデザイン案が送られてきた。たいていの著者が目にする数の、ざっと75倍である。私は760の応募作品のなかから次の5つに絞って、みんなに人気投票をしてもらった。

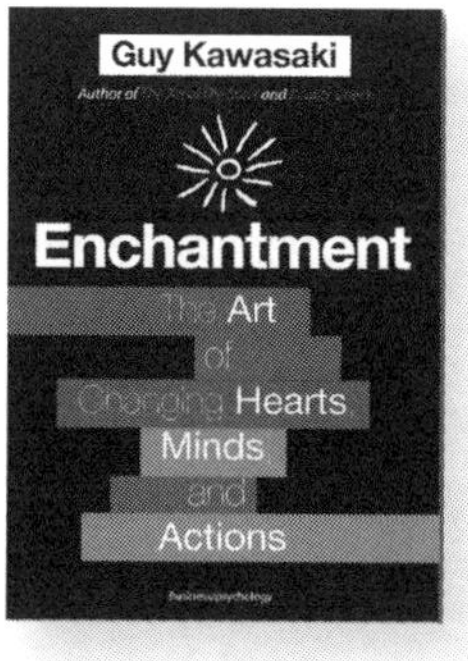

By Kimberly Crick www. The Enchantment.com

獲得投票がいちばん多かったのは、前ページ左上の、赤い地に青いチョウをあしらったものだった。このカバーのデザイナーは、〈DeviantART〉に登録されていたエンチャンテッドギャル［訳注：「魅了された娘」の意］撮影のストックフォト（上の写真）を使用した（名前は偶然の一致）。

私もこのデザインがいちばん気に入った。投票順位が下でも気に入ったものを選ぶつもりだったが、結果を見ると、公平、寛容、透明性の幻想を維持できることがわかった（!）。まことに好都合だ。

コンテストのあいだ、私は多くのデザイナーから仲間の創造力を無駄遣いしていると非難された。「250の応募作からひとつだけが選ばれ、残る249は捨てられるのだから、報酬の見込みがない博打のような仕事だ」と、まるで犯罪者のように責められた。

だが考えてみてほしい。人生はそもそもそういうものだ。中身があるとはかぎらないし、栄光も、可視性も、経験も、賞品

も保証されていない。今回の応募はもとから強制ではないし、1000ドルを獲得して、かつ作品が人の目にも触れるチャンスでもある。

優勝者は、インドネシアのバンドン工科大学電子工学部のアデ・ハルヌサ・アズリルという大学生だった（上の写真）。喜ばしいことに、ⓐ本業のデザイナーではなく、ⓑアメリカ人でもなく、ⓒ嫌なやつでもなかった。あらかじめ計画していたとしても、これほどうまくはいかなかっただろう。

優勝者を発表すると、プロのデザイナーたちはこの作品を「赤い背景にストックフォトのチョウをあしらっただけじゃないか」と攻撃した。そのとおり。アンディ・ウォーホールも、ただの〈キャンベル〉のスープ缶を描いた。彼らが同じことを思いつかなかったのは残念だ。グラフィックデザイン業界ほど、互いに攻撃し合って喜ぶところはない。

だが不運にも（あるいは、あとのことを考えれば幸運だったのかもしれないが）、このデザインは本書の編集者やＰＲ担当者、それに発行人と副発行人にもあまり受けなかった。「ニューエイジすぎる」、「女性的すぎる。男性は赤い地にチョウなんかのカバーには惹かれない」、「自己満足だ。感覚的すぎる」……あとは想像がつくだろう。もっとも痛烈なのは、「販売部門が売りたがらない」だった。

人生、楽あれば苦あり。

とはいえ、「苦」の部分の90パーセントは、自分を世の中に見せることであり、残りのうちの90パーセントは、見せたあとで耐えることである。

いま振り返ると、こうしたネガティブな反応が、私を安全地帯の外へ踏み出させた。ある夜、〈スタートラック〉のリカンベントバイク［訳注：自転車の一種］をこぎながら、ｉＰａｄでツイートを読み、ＮＨＬオン・ザ・フライを見ていたとき、ふと折り紙のチョウを使ったらどうだろうというアイデアが浮かんだ。これでふたつの問題が解決できる。「ストックフォト」の汚名が回避でき、自己満足やニューエイジ色も薄まる。さらに、日系人に日本の芸術という、すばらしいつながりもあった。

ただ、折り紙に関する知識は何もなかった。そこで「折り紙のチョウ」をグーグルで検索し、33万人いるツイッターの友人たちに「折り紙の師匠を知っている人はいないか」と尋ねた。これ

がすばらしい結果をもたらした。姉のジーン・オキモトや、リサ・〝カイルア・リサ〟・マリノー、ジェイソン・ウェーメナー、マルコ・カルブリドらも手を貸してくれた。そうして、マイケル・G・ラフォスと、サラ・アダムスのウェブサイトにある「アレクサンダー・アゲハチョウ」を知ることになった。
マイケルは、折り紙界のスーパースターだった。彼とパートナーのリチャード・アレクサンダーは、折り紙のスタジオを経営していた。マイケルは『ビトイーン・ザ・フォールズ』というすばらしいドキュメンタリー映画にも出演している。私は〈オリガミドー（折り紙道）〉のサイトを訪ね、メールを送ってみた。たいていのメールはウェブマスターに送られ、そのまま返事がないところが見よ、マイケルは翌日に返事をくれた。
ひとつのことがまた別のことにつながり、マイケルは私だけのデザイン「カワサキ・アゲハ」を作ってくれた（上の写真）。皆さん、ジョブズ、ゲイツ、ウィリアムズ、ストーン、バルマー、エリソン、あるいはザッカーバーグのオリジナルの折り紙のチョ

ウを見たことは？　ないと思う。
　リチャードは和紙ふうにプリントされた紙に手作りの金の紙を貼って、両面を美しくしてくれた。その紙でマイケルがカワサキ・アゲハを折ると、あら不思議、ジェームズ・クラベルの『将軍』がB-1戦略爆撃機と出会ったような、世界でただひとつの最高のチョウができあがった（上の写真）。
　これで最高にかっこいいチョウと、赤のグラデーションの上にこのチョウを配置するというコンセプトはそろった。次に必要なのは、このコンセプトを完成させて、アート部門の要求に合うカバーを作ってくれる人を探すことだった。
　そして、白馬に乗ったサラ・ブロディが登場した。彼女の作品は皆さんも目にしているはずだ。アップルのソフトウェア・アプリケーションのデザインを数多く手がけているから。サラはカワサキ・アゲハを撮影して編集し、赤のグラデーションを作り、フォントを選び、レイアウトを決め、全体として完璧に仕上げてくれた［訳注：本書カバー、前までの写真参照］。

以上が、本書のカバーをめぐる私のストーリーである。世界じゅうからデザインを募集し、才能ある250人の応募作のなかからインドネシアの工学部生のアイデアを選び、ボストンの折り紙の匠《たくみ》に新しいチョウを作ってもらい、シリコンバレーのデザイナーを知っていたという運にも恵まれた。

カバー1枚から、これほど魅了されるストーリーが生まれることがあるだろうか。

謝辞

感謝は、充実した人生への扉を開けてくれる。いまあるものを満足に変え、そこからさらに多くのものをもたらしてくれる。拒否を受容に、カオスを秩序に、混乱を理解に、そして、ただの食事を祝宴に、家屋を家庭に、他人を友だちに変えてくれる。

――メロディ・ビーティ（『共依存症 いつも他人に振りまわされる人たち』著者）

本の出版は単独の作業ではない。たしかに著者はたいへんな努力をして次々とことばを紡がなければならないが、出版とは、ことばを積み上げて何百ページもの本にするまでの長いプロセスである。この本を完成させるのに、１００人近い人が手を貸してくれた。ここで彼らの協力に感謝したい。

不可欠の支援　妻のベス・カワサキ、親友のウィル・メイオール。

初期の構成　マリリン・デルバーグ＝デルフィス、ビル・ミード。

職務を超えて　サラ・ブロディ、タリー・ワイス、ジョン・ウィノカー、アン・ハーパネン、ケイト、ヘイニー、ティナ・シーリグ、スティーブ・マーティン、ブルーナ・マーティヌッツィ。

貢献　マリ・スミス、グレッグ・ジャーボー。

ペンギン社　つねに辛抱強いリック・コット、ジョー・ペレス、カイル・デイビス、ジャクリン・バーク、アリソン・〝スイートネス〟・マクリーン、ローラ・ティズデル、ゲイリー・スティメリング、ウィル・ワイサー、エイドリアン・ザッカイム。

力仕事　スローン・ハリス。

調査　カサリン・ファース。

ベータテスト　カレン・ライ、アリソン・ファン・ディゲレン、エド・モリタ、アルフォンソ・ゲーラ、ジム・サイモン、セリズ・ウェルター、ブラッド・ハッチングズ、スコット・ヨシナガ、ゲイリー・ピネリ、ハリシュ・テジワニ、ビル・レナン、ケルシー・ハグルント、リサ・ニレリ、マット・モーラー、タミー・クラビット、タリク・アーマド、キップ・ナイト、ジェフ・バウム、ミレーネ・ラウベ・ドゥトラ、ブレント・コバヤシ、アレックス・デ・ソト、パトリシア・サンサフ、ダニエル・ペラリーニ、ミッチ・グリシャム、スティービー・グッドサン、フェルナンド・ガルシア、ケン・グレアム、スティーブ・アスビット、シャーロット・スターツ、ケリー・ハスキンズ、リンジー・ブレクラー、ショシャナ・ロウブ、ハリー・スイット、バーバラ・フレンチ、ザリク・ボゴシアン、イムラム・アンウォー、ラビット・リヒテンバーグ、マット・ケリー。

カバーまわり　サラ・ブロディ、アデ・ハルヌサ・アズリル、マイケル・G・ラフォス、リチャード・アレクサンダー、リサ・マリノー、ロス・キンバロフスキー（そして〈クラウドスプリング〉の面々）、ジェイソン・ウェーメナー、ジーン・オキモト、ジナ・ポス、マルコ・カルブリド。

パワーポイント　アナ・フラザオ。

マーケティング　カトリ・ベルマン、アレン・ケイ、ニーンツ・ファレアフィン。

レストラン　カリフォルニア州レッドウッド・シティの〈ラ・タルティーネ〉。
音楽　〈パンドラ〉のアダルト・コンテンポラリー・チャンネル。

支援者の名前を書き忘れるのは、「人を魅了する」ことからもっともかけ離れた行為だから、その際にはお詫びするしかない。Guy@alltop.com まで知らせていただければ、次の増刷分で訂正したい。

とにかく、皆さん全員に心から「マハロ」〔訳注：ハワイ語で「感謝します」の意〕と伝えたい。あなたがたの助けがなければ、この本を世に出すことはできなかった。

本を書くことは冒険である。
まず、それは玩具であり、娯楽だ。
続いて、女主人、そのうち支配者になり、暴君になる。
そして、もう隷属の地位に甘んじようとあきらめかけた最後のところで、
こちらがその怪物を退治して、人々のまえに放り出す。

——ウィンストン・チャーチル

弊社刊行物の最新情報などは
以下で随時お知らせしています。
ツイッター
@umitotsuki
フェイスブック
www.facebook.com/umitotsuki

人《ひと》を魅了《みりょう》する
一流《いちりゅう》の職業人《しょくぎょうじん》であるための技術《ぎじゅつ》

2012年 3 月 2 日　初版第 1 刷発行
2017年 9 月 1 日　第 4 刷発行

著者　ガイ・カワサキ
訳者　依田卓巳《よだたくみ》
装幀　重原 隆
編集　藤井久美子
印刷　中央精版印刷株式会社
発行所　有限会社海と月社
〒180-0003
東京都武蔵野市吉祥寺南町2-25-14-105
電話0422-26-9031　FAX0422-26-9032
http://www.umitotsuki.co.jp

定価はカバーに表示してあります。
乱丁本・落丁本はお取り替えいたします。

ISBN978-4-903212-33-3